歐內斯特·索薩論目的規範性與德性知識論

歐內斯特·索薩
論
目的規範性與德性知識論

歐內斯特·索薩〈Ernest Sosa〉　著

歐陽迪生、陸正傑　譯

香港中文大學出版社

■ 唐君毅訪問教授講座叢書

《歐內斯特‧索薩論目的規範性與德性知識論》

歐內斯特‧索薩 著
歐陽迪生、陸正傑 譯

國際統一書號 (ISBN)：978-988-237-192-7

出版： 香港中文大學出版社
　　　 香港 新界 沙田‧香港中文大學
　　　 傳真：+852 2603 7355
　　　 電郵：cup@cuhk.edu.hk
　　　 網址：cup.cuhk.edu.hk

■ Tang Chun-I Lecture Series

Ernest Sosa on Telic Normativity and Virtue Epistemology (in Chinese)
　By Ernest Sosa
　Translated by Dickson Au Yeung and Luk Ching-kit

ISBN: 978-988-237-192-7

Published by The Chinese University of Hong Kong Press
　　　 The Chinese University of Hong Kong
　　　 Sha Tin, N.T., Hong Kong
　　　 Fax: +852 2603 7355
　　　 Email: cup@cuhk.edu.hk
　　　 Website: cup.cuhk.edu.hk

Printed in Hong Kong

目 錄

張錦青序

　　歐內斯特·索薩教授是當代知識論的巨人。他獨力開創了兩個知識論裡最重要的哲學觀念和理論：他在1980年稱之為「德性觀點論」（virtue perspectivism）的德性知識論，[1] 以及1999年提出的「安全條件」作為知識的必要條件這主張。[2]

　　這些年以來，在一系列的書籍和論文中，索薩進一步發展和深化他的德性倫理學。這些著作包括：《德性知識論》（2007）、[3]《反省式知識》（2009）、[4]《整全之知》（2011）、[5]《判斷與主體》（2015）[6] 及《知識論》（2017）。[7]

---

[1]　Ernest Sosa. (1980). "The Raft and the Pyramid: Coherence versus Foundations in the Theory of Knowledge." *Midwest Studies in Philosophy* 5/1: 3–25.

[2]　Ernest Sosa. (1999a). "How to Defeat Opposition to Moore." *Philosophical Perspectives* 13: 141–153. Ernest Sosa. (1999b). "How Must Knowledge Be Modally Related to What Is Known?" *Philosophical Topics* 26/1&2: 373–384.

[3]　Ernest Sosa. (2007). *A Virtue Epistemology.* Oxford: Oxford University Press.

[4]　Ernest Sosa. (2009). *Reflective Knowledge.* Oxford: Oxford University Press.

[5]　Ernest Sosa. (2011). *Knowing Full Well.* Princeton: Princeton University Press.

[6]　Ernest Sosa. (2015). *Judgment and Agency.* Oxford: Oxford University Press.

[7]　Ernest Sosa. (2017). *Epistemology.* Princeton: Princeton University Press.

在本書的前言和五篇文章裡，索薩論證，他的德性知識論是目的規範哲學德性論 (the philosophical virtue theory of telic normativity) 的特例，從而置之於一更普遍的哲學框架之中。

在第一章〈整全之知：表現作為信念的規範性〉裡，索薩闡釋了他的「完全適切表現理論」(the theory of fully apt performance)，而整全之知 (knowing full well) 就是一類完全適切表現。換言之，他的德性知識論其實是一種表現規範德性理論。表現規範亦即〈前言〉裡所謂「目的規範」的一種。讓我在此對當中涉及的課題稍作說明。

在較早期的著作，如《德性知識論》(2007) 和《反省式知識》(2009) 之中，索薩把適切的信念 (apt belief) 視作動物知識 (animal knowledge)，而把廢止式適切信念 (defensibly apt belief) 視為反省式知識 (reflective knowledge)。所謂「適切的信念」即是，在適當條件下，可以正確地歸因於作為理智德性 (intellectual virtue) 的能力 (competence) 的信念。所謂「廢止式適切信念」，即是適切地相信為適切的適切信念 (an apt belief aptly believed to be apt)。然而，動物知識和反省式知識這分判，卻要面對克制難題 (the problem of forbearing)。

索薩試圖在第一章裡，藉定義「廣義的適切性」(broader aptness) 和「狹隘的適切」(narrow aptness) 來論證，擱置只是狹隘的適切，從而解決擱置難題。在有關脈絡中，他亦引進「後設適切」(meta-aptness) 這概念。若表現是完全基於其後設適切性，則它是全然適切的 (fully apt)。整全之知就是全然適切表現的特例。

根據索薩，若一適切信念之所以是適切，並不是基於相關後設信念的適切性 (即使該後設信念其實是適切的)，則該反省式知識的個例並

不屬整全之知。動物知識和反省式知識這分判因而再發展為整全之知理論。

第二章〈知態質素的水平〉旨在處理一個有關作為目的規範性（telic normativity）特例的知識規範性（epistemic normativity）的課題。索薩亦描述及探究了知態質素的不同水平，包括自身呈現、完備能力和不同種類的功勞。

第三章〈「擱置判斷」如何帶來知識論上的問題〉聚焦於目的規範性。索薩提出對擱置判斷的恰當理解，而這理解其實是一種克制（forbearing）。他接著說明，「擱置判斷」這一個理解，如何為懷疑論和證據主義帶來麻煩。在行動者決定行動的某個關頭（agential juncture），我們有執行或擱置的選擇。這考察帶來執行者知識論（agential epistemology），而德性知識論是執行者知識論。

第四章〈從廣闊的視野看分歧〉討論分歧知識論（epistemology of disagreement），並帶出分歧與信念規範性之間關係的重要性。

在第五章〈一手知識與理解〉裡，索薩說明多項一手知識概念與理解概念之間的關係。他亦說明了，這個關係對豐盛人生、甚至人性的重要性。

總言之，索薩的德性知識論是目的規範德性理論（a virtue theory of telic normativity）的特例。他在本書各章的論述中，描繪了目的規範德性理論（a virtue theory of telic normativity）的一幅清晰圖像。在這圖像的不同部分，他展示了如何處理和解決由目的規範德性理論與德性知識論而產生的課題。

2017年3月，索薩教授應邀到訪香港中文大學哲學系，擔任第二十四

位唐君毅訪問教授。[8] 在香港中文大學期間，他主講了兩次講座，題目分別為「擱置判斷如何帶來知識論上的問題」及「一手知識與理解」。我們把這兩次演講的文章，再加上索薩教授自選的三篇文章，合編成本書。該兩次演講文章分別為本書第三章和第五章。我們期望本書的出版，能夠為學者和學生介紹和討論索薩教授在當代知識論中的重要思想。

本書得以完成，首先當感謝索薩教授授權我們把他的文章翻譯成中文，亦感謝歐陽迪生先生 (前言和第一至四章) 和陸正傑先生 (第五章) 的出色翻譯、曾誦詩女士專業的校對翻譯和編輯工作。最後，感謝香港中文大學出版社諸位同工，一直以來給予唐君毅訪問教授講座叢書的鼎力支持和協助。

張錦青

2019 年 7 月

香港中文大學哲學系

8　「唐君毅訪問教授」是香港中文大學哲學系於 2003 年創立的學術交流計劃，以記念二十世紀著名中國哲學學者及哲學系首位系主任唐君毅教授。

前言

知識理論的獨特規範性

歐內斯特・索薩

目的規範性（telic normativity）是哲學德性論、尤其是德性知識論（virtue epistemology）的重心。本文旨在勾勒出「目的規範性」的梗概，從而為本書各章提供有用的背景資料。[1]

1. 目的規範性是一種專屬於「嘗試」（attempts）的規範性。因此，這種規範性的應用範圍與人類努力奮鬥的範圍一樣廣闊，不論這種努力屬於哪個領域也好。但這種規範性完全是內在於「嘗試」本身，它無視任何領域的外部審核，不需要理會道德、政治以及誠懇與否的問題。故此，一樁完美的謀殺，即使是可惡至極的罪行，但如視為一個具有其獨特目標的嘗試，亦可以是優秀卓越的。

---

[1] 這些章節包括我於 2017 年 3 月在香港中文大學擔任唐君毅訪問教授期間舉辦的兩場講課內容。非常感謝香港中文大學哲學系同仁的熱情款待及富啟發性的討論。

　　德性知識論的五個主要想法是嘗試（attempt）、成功（success）、能力（competence）、適切性（aptness）以及成就（achievement）。

　　射箭這件事不僅提供例子，幫助我們說明由這五個想法構成、具有3A結構的目的規範性，它還顯示了成就本身如何在兩個維度上有程度之分：一個維度是關於適切（apt）的射擊，箭矢**因為**熟練（adroit）而準確。另一個是**完全**適切的箭發，射手不僅以準確性為目標，而且務求達到適切性。

　　當戴安娜探查周遭環境以尋找目標時，她可能會看到遠處的獵物（於適當的光線和風向的狀況）。如果獵物在她的射程範圍外，那麼她的箭發選擇就是不好的。但是如果獵物在她的射程範圍內，那麼她的箭發或許就是選擇得很好──假設她旨在打獵得好，那她最好就是選擇這個目標。如果那箭發是風險過高，這個選擇就是不明智的。若一個箭發**在這個特定方面上算是選擇得好的**，它就可以稱得上擁有更高的質素。它比疏忽或魯莽地發出的箭發在一個或者另一個程度上更好。

　　因此，對戴安娜箭發的二階評估，不僅僅是關於它的適切性──通過（一階）能力而獲得的成功；同樣重要的是該嘗試是否選擇得好，有利於避免魯莽甚至是疏忽的情況。

　　即使我們感興趣的維度是關於「信譽」（creditability）也是如此。這獨立於道德的問題，例如某行為是否屬於謀殺；亦獨立於涉及難度的「可讚揚性」（admirability）。例如，某些事情可以是絕對確定的知識的實例，亦即是擁有相關知態質量的最高程度，即使其難度絕對是最小的。想想笛卡兒的「我思」（cogito）！

　　如果某個嘗試受二階能力的引導而取得成功，那個嘗試就會提升至

整全適切 (fully apt) 的水平。沒有什麼比這更能達至**完滿的成就**了。如果某次嘗試是適切地達到成功而不是整全適切的，那麼它的成功就牽涉到運氣的因素。它的適切性不是從執行者二階能力的指引來確保的。因此他適切地成功只是運氣使然。這運氣會減少或阻礙我們賦與執行者對其成功的功勞，因為它減少或阻礙了我們賦與執行者對成功的適切性的功勞。

2.　超越一般的德性理論，以下是德性**知識論**的主要論題：

知識的規範性是這種目的規範性的一個特例。

因此，知識是認知成就的核心類型。在此我們亦會發現懷疑論的傳統問題，以及知識的性質、範圍和價值的其他問題。

蓋提爾問題 (Gettier cases) 現在可能看成是認知執行者主題在某方面的不足，可能因為他們的相關信念不能達到適切性，或者因為它缺乏**整全的**適切性。

3.　在功能式的知態表現中，例如功能式的信念，執行者會旨在得到真理及代表的適切性 (aptness of representation)，但只是不明言的以及帶有目的性的 (teleologically)，就如我們的感知系統也是旨在正確地表達我們的環境一樣。

然而，我們在這裡主要關注判斷和判斷式信念，執行者的目標是**有意識地**於特定的問題上適切地正確。這涉及到什麼問題呢？

説話包括了舞台上演員説出的陳述式句子。當台上一位女演員説

「我是女王」時，她並不是真的在說她是女王。如果伊麗莎白女王在觀眾席中，那麼她提出「不，她不是！」的反對是錯誤的。只有某些陳述式的話句、「說出 p」這個形式的話句才是**肯定句**（affirmations），並且只有某些肯定句才是**真理式**肯定（*alethic* affirmations），那反映當事人在某問題上努力達至正確（不論當事人可能也想努力達至其他目標）。一個真理式肯定可能只是猜測，就如問答比賽節目的參賽者試圖肯定某條問題的正確答案。但是，腫瘤學家的肯定不僅僅是為了正確地猜中事實，她旨在能夠**有能地**（competently）及**確切地**（aptly）作出肯定。只有在不僅僅是為了真理而且用於確切性（aptness）的時候，真理式肯定才能構成一種判斷。這會產生出以下的層級結構：

> 說：「p」
>
> 肯定：說出 p
>
> 真理式肯定：由肯定 p 致力達至正確
>
> 判斷：由真理式肯定 p 致力確切地達至正確

所有這些都可以在公開的、外在的話語中出現，亦可以於私人的、無聲的獨白中出現。一般來說它們通常是自由的行為。

4.　接下來探討的，是「擱置判斷」（suspension）在知識論的地位和重要性。

對我們的主要關切的事情作出擱置是一種「**克制**」（forbearing），是對「**真理式肯定**」（alethic affirmation）某種有意的雙重忽略（正面及負面的）。這種擱置必須是**知態上旨向**（epistemologically aimed）的。這是因

為我們現在要處理的是最廣泛的意義上的**探究**（inquiry），就如我們走在街上並不斷視察周圍環境時，隨意而不明言地提出某個問題那樣。

判斷式知識涉及到判斷。你旨在以對 p 是否為真 <p?> 的問題上作出「真理式肯定」（正面或負面）而適切地正確回答，在這個目的下適切地成功，就是要成功判斷出答案。

當我們「考慮」這樣一個問題時，我們可能會不明言地做，就如我們不作聲地在路上行走時視察四周一樣。或者，我們可以有意識地集中於問題上，並好好思考如何回答它，如果有這種情況的話。無論哪種方式，我們都可能被引導至（正面或負面地）作出判斷或者是擱置判斷，而這些（判斷和擱置）有一個共同目標：**當且僅當一個人能適切地肯定時，才會作出真理式肯定。**前文提到，判斷的目的不僅僅在於當事人肯定的是否為真，而在於它是否有適切性。當我們提出一個問題而作出探究時，我們旨在作出適切的真理式肯定，而不是**僅僅**得到正確答案（並且是**不適切的**）。[2] 我們的目的就像腫瘤學家的，而不像問答節目的參賽者。

當一個人面臨是否 p 的問題時要作出判斷，他要考慮作出真理式肯定（正面或負面），抑或是擱置（有意地忽略真理式肯定）。要判斷是否 p 需要旨在得到**適切的**真理式肯定。因此，對那目標表現出有能的追求，就需要旨在於僅當一個人能（足夠地可能）作出適切地肯定時，才作出肯定。一個人將自己置於適當的狀態及情況中，並以所需技能去處理問題，以便只有在他能夠適切地肯定時才作出肯定。這是恰當的

---

[2]　即使當認知者只是不明言地、無意好好思考某條問題時，這套說法仍然成立。

探究涉及到的一部分，執行者必須致力滿足這個條件句，而那是雙條件句的一半：僅當能夠適切地肯定，才對 <p?> 這條問題作出肯定。

為什麼認為，在進行探究時，必須接受「對 <p?> 這條問題作出肯定，**僅當能夠**適切地肯定」這樣的次要目的呢？如果某人的肯定是**不適切的**，那麼就會產生一種笛卡兒曾強調過、一個比純粹的虛假更深刻的錯誤。當某人的真理式肯定是假的時候，他當然也陷於這種錯誤。但是，即使他的真理式肯定是真的而且是不適切的，他也會有這種錯誤。因為令真理式肯定為真的這種運氣，會阻礙我們將認知結果歸功於思想者。認知者得到真理並非來自其能力，而是由於那種知態運氣。因此，在恰當的調查中，我們的目標不僅僅是對 p 是否為真這條問題達到適切的真理式肯定。我們也要旨在避免不適切性，也即是笛卡兒式的錯誤。誠然，如果我們達到了適切性，我們也就避免了不適切性。但是，人們可能會在避免不適切性的同時未能達到適切性。因此，即使某人**未能達到**探究的主導目的（dominant aim），**仍然可以達到**一個次要目標，亦即避免不適切性，而因此他也會得到部分的（知態）信譽。

除非某人旨在避免不適切性，否則他的思考及其結果就不會是完全有能的（wholly competent）。除非他是足夠可靠地（reliably enough）做到這一點，否則他就稱不上是有能地達到適切性。而且除非他設法避免不適切性到一個足夠好的地步，否則他對適切性的追求就不會是充足的有能，假若他當真得到適切性，那也不會充足的體現其能力。除非他旨在避免不適切性，並且有恰當地指導自己這樣做，否則他即使得到適切性，也不能將其充分歸功於其足夠可靠的相關能力的實踐上。

　　關於探究的次要目的當中一半「**僅當能**夠適切地肯定才作出肯定」，討論就到此為止。那麼，雙條件句的另一半又怎麼辦？為什麼認為，進行探究必須接受「**如果**某人作出的肯定會是適切的肯定，就會對 \<p?\>這條問題作出肯定」這個次要目標呢？這個嘛，某人一旦已經處於一個當他肯定就會得到適切的肯定這種狀態之中，他就應該作出肯定，這難道不是內在於探究活動的目標嗎？對於某人恰當地進行探究的問題上，認真地旨在得到適切的肯定，那個目的不正正就是當中的一部分嗎？

　　5.　人類知識的一個理想水準就是**完全適切的真理式肯定**（fully apt alethic affirmation）。這是探究活動的另一個主導目標（dominant aim）。當進行探究時，我們在努力實現我們的主導目標時會訂立某些次要目的。因此這種知識是一種（目的性的）探究規範，它構成了探究活動中一種理想的成功。[3] 因此，它提供了一種（主要的）判斷規範，無論是公共還是私人的。因此，它不僅是**判斷**（judgment）的規範，也是**擱置**（suspension）的規範。當某人恰當地擱置時，他所促進的直接目標是，當且僅當肯定是適切的才去作出真理式肯定。假若某人在回應一個問題時要適切地達到主導目標，這個次要目標也是他必須適切地達至的。擱置判斷要是恰當的，其次要目標就是當且僅當肯定是適切的才去作出真理式肯定。那個目標是某人擱置判斷時恰當地追求的，那也是次要

---

[3]　不論探究以有意識的思考的形式，抑或是以不明言的、帶有功能性的目的式「處理」（implicit functionally teleological "processing"）的形式出現，這個說法依然能成立。

於一些層級上比較高的目標：適切的真理式肯定（動物式知識）以及適切的判斷（整全的知識）。[4]

6.　這種認知層級是如何排序的？行為的層次結構通常以某種「由」(by) 的關係排序。例如，你可以由照亮某個窗口來提醒你的同謀者，為了做到這件事，你就要照亮有窗口的房間，而為了做到**這件事**，你就要按某盞燈的開關。你如何實施這個計劃？如下：由按開關，你可以照亮房間；由照亮房間，你可以照亮窗戶；由照亮窗戶，你就可以提醒同謀。這就是你提醒同謀的層級計劃。

當我們探究某個既定的問題時，這並**不**是我們的認知層構的排序方式。假設某人因為旨在合乎以下這雙條件句而必須擱置判斷：**當且僅當能夠適切地肯定才作出肯定，才（對某條問題）作出真理式肯定**。這裡的擱置是指有意忽略真理式肯定（正面或負面的），而同時致力滿足這兩個條件句。如果這是從屬於知道該問題的答案，那麼它就不能與一般的行動層構類似。我們不能因為擱置判斷，**故此**知道那問題的答案，不論那是在第一序（具有「動物」知識）還是在第二序（適切的判斷）的層次上說。這種擱置絕不能構成適切的肯定或者適切的判斷。然

---

[4]　更一般的講，成就是嘗試的規範。一個孤注一擲的傳球 (Hail Mary attempt) 就是（正確地）判斷為有極高風險的。問答節目中參賽者的猜想是一個例子，就如同在完場鐘聲響起前數秒，從遠離球籃的位置射籃一樣。一個嘗試第一序的規範就是其適切性，當某個嘗試得到完全的成功，亦即是認知者旨在達到適切性，而且達到適切的成功，就能滿足一個更高層級的規範。（餘此類推，適切性的層級會上升，起碼直至執行者的能力用盡為止；甚至我們到達能力的極限之前，回報都可能會急速遞減。）

而，這種擱置可能是一種「拱肩」(spandrel)。它可能是某人認真追求達至主導目標的必然的副產品。當擱置是不可避免地追求次要目標的結果時會發生的情況，在給定的主導目標下，那是人必須追求的。從屬的目標是為了達到探究的主導目的而必須追求的，而主導目的亦即是適切的真理式肯定。

　　如此一來，知識不單是判斷(和斷言)的主要規範(層級上的主導目標)，也是擱置的主要規範。

整全之知：表現作為信念的規範性

柏拉圖其中兩篇最著名的對話錄都是探討知識的。《泰阿泰德篇》(*Theaetetus*) 探討知識的性質，《米諾篇》(*Meno*) 則討論其價值。我認為兩篇對話錄都涉及一個更基本的問題：什麼類型的規範性構成了我們的知識？不足以成為知識的信念是次等的。當然，知道一件事總比弄錯那件事好，也比憑運氣得到真相要好。這種評估涉及了什麼呢？回答這更基本的問題的答案可以解決柏拉圖以上兩個問題。

我們假設知識至少需要那個信念是真的，我們對知識本質的探討因此可以採用更具體的形式。我們的問題是：除了要是真的以外，信念必須滿足什麼條件才能構成知識呢？近幾十年來，「知識的本質」這個問題一直是知識論的核心問題，就像柏拉圖當時一樣。

蓋提爾問題 (Gettier problem) 源於這樣的事實：一個信念要成為知識的進一步條件，不能僅僅為它是有能地 (competently) 持有、有能地獲得或者得以持續。[1] 一旦我們意識到儘管某個有能的信念仍然有可能是

---

[1] 這就是著名的蓋提爾問題，學界有大量的文獻討論。

假的，以上這一點就很清楚了。如果信念持有者接著從他這個錯誤的信念正確地演繹推理出真的事實，那麼這個真的結論也不能構成知識。然而，如果我們從一個我們有能地相信的前提（甚至在得出結論之後才相信）有能地推演出一個結論，那麼我們也會有能地相信這個結論。

蓋提爾之後，柏拉圖問題也採取這種形式：真的信念必須滿足什麼額外條件、或者以什麼條件去取代「**有能地持有**」這項條件，才能夠構成知識？

在當代，第二個柏拉圖問題，即是知識的**價值**問題，在最近也已轉移到討論的中心。對柏拉圖來說，這個問題是：如果一個純粹的真信念不比知識更沒有用，那麼知識一般來說為何比其相應的真信念更有價值呢？因此，對拉里薩（Larissa）位置的真信念，對指導你到那裡的效率不會低於相應的知識。同樣地，我們會問：為什麼知識這回事總是比相應的純粹真信念更好？

關於這兩個問題，我們將假設除了要是真以及屬於信念之外，信念還必須滿足一些額外的條件（無論有多簡單或有多複雜）才能構成知識。這種條件必須在規範性上增加正面內容，而且要充分解釋，為何必須滿足這種條件的**知識本身，總是比相應的純粹真信念更好**。正如，以知識回答我們正在思考的一條問題，總是比用運氣得來的正確答案回答更好，我們多少會尊重這個想法。

讓我們從米諾的問題開始吧。

一、知識的價值

一般認為，信念的目的就是得到真理。例如，當您真誠地向自己提出某條問題時，你想要的是正確的答案。當你通過接受某個信念來回答你的問題時，你信念的目的就是事情的真相。如果一個信念的目的就是真理，那麼這信念是否是真的似乎就是知態上真正重要的事情，不論得到那信念的來龍去脈為何。

那麼，一個真理可靠地 (truth-reliably) 產生的真信念，如何能夠比同樣地真的信念——不管這信念是否同樣由可靠的方式產生——來得更好呢？結論是：知識確實不比純粹的真信念更好。

有人仍可以這樣回應：「任何導致那個結論的論證都必須檢視其前提：信念以及探究的目的可能不僅僅為真理，其目的還可以是知識。這將解釋知識(以及所需的原因)如何以及為何終歸是比僅僅的真信念更好。」

下文會將這個回應置於脈絡當中，解釋其內容，並推出其理論後果，以捍衛這個回應。

二、後退一步

我們的目的，是否就**是**真理？我們應該如何理解我們置於真理上的價值？更明確地說，我們的目標大概是**擁有**真相。因此，有相應價值的是已經得到的真理。那麼我們應該如何更完整地描述我們的真正目

標呢？這是否只是累積已經相信的真理？比較一下我們如何評核精準的射擊、亦即擊中目標的射擊，在這情況下我們看重的東西是什麼？難道就是累積精準的射擊嗎？

有人在沙灘上隨便在腳旁畫了一個大圓圈，然後瞄準，開鎗，射中目標。他是否因此至少小部分達到了他之前的目標：即確保準確射中目標呢？假設我們都同意這個**好**鎗擊的概念，這就是我們共同的目標嗎？難道我們都不想要好的東西嗎（假定其他東西不變）？

我相信我們都會同意，這個説法頗為荒謬。

然而，當射手擊中他在沙灘上的目標時，這也可以算是個準確、而且好的射擊。雖然，從一個角度來看，因為那個目標的價值是十分之低，甚至只有負的價值，這個準確的射擊本身沒有什麼價值可言，但從另一個內在於功能（performance-internal）的角度看，它會被評為是一個頗為準確、很好的射擊，而假若鎗手距離目標足夠遠，這甚至可以説是很優秀的射擊。然而，即使那發射擊十分困難，它究竟算不算是好，也不是來自人們對於累積準確而困難的射擊的任何常設偏好。我們並沒有規範性的壓力作出好的射擊，即使我們完全掌握了好鎗擊的所有條件，並且將這概念置於我們意識的最表層，這規範性的壓力也不存在。即使是要我們做出優秀射擊的規範壓力，我也完全沒有察看到。（注意：我們沒有受到規範壓力去累積的是**射擊，甚至是優秀的射擊，無論它們多優秀也好**。）

現在比較一下我們的智性的射擊——我們的信念。一個信念可以正確地回答一個問題，但如果這個問題不是很值得問，那麼它可能也沒什麼價值。目標的價值肯定會影響指向該目標的任何射擊的價值。在

海灘上任意選擇一個區域作為射擊目標，會是十分可笑的。同樣地，假設你舀起一些沙子，然後耗時費力地計算當中沙粒的數量，你接著開始探究這堆沙子中含有多少沙粒的問題。如果你正確回答了這個問題從而達到你的目的，你的表現又有多少價值呢？你是否因此至少在某程度上實現了你早前一貫的目標，即是保有愈來愈多的真信念？這似乎與在海灘上自設目標射擊的相應觀點一樣令人難以置信。

那麼，我們信念的真理又是以何種方式使其有價值的呢？看似有價值的一點，就是那能夠滿足我們的好奇心。因此，即使關於沙粒數量的問題沒什麼價值，假若有人竟對這個問題感興趣，那麼滿足他的好奇心將以明顯的方式**對他來說**有價值（甚至可能在某個程度上，是**為了他**而有價值）。這當然是真理對某人（to someone）和為了某人（for someone）而產生價值的一種方式。畢竟，如果一個人對「是否 p」（whether p）感到好奇，其實也只不過是等於好奇 p 是否為真（whether it is true that p）。這裡沒有兩件令他好奇的事：(a) 關於是否 p，以及 (b) 關於 p 是否屬實。所以，當我們**以這種方式**重視真理時，我們想要的是我們的問題得到答案，而當然這答案也要是正確的。

純粹的好奇心，無論其緣由為何，因此會為回應某條問題的正確答案注入一定的價值，儘管價值可能很小並且很容易被超越，就像關於沙粒的問題一樣。得到這個特定問題的答案，可能會給信念持有者的生活帶來微不足道的好處，同時亦令他的思緒更為雜亂。假若考慮到當事人因此事而被耽誤所產生的機會成本，這件事綜合所有因素來看是對當事人有害的。

類似的因素，也適用於在沙灘向距離一呎遠的沙堆射擊這個例子。

無論其原因如何，實現該目標的純粹欲望，都會給向目標開鎗的那個人帶來價值。但是，向目標開鎗這件事，很可能對任何人來說都沒有什麼價值。為這種事，不僅花費時間，甚至可能對當事人的生活造成損害。說人們通常都會對準確的鎗擊有一貫的渴望，或者預先認為對保證準確的鎗擊方面有其價值，這些都是很不合理的說法。準確性會向沙堆開鎗這件事提供價值，僅僅是因為鎗手想擊中目標的一時衝動。

即使在沙灘的射擊不能滿足任何人們先於鎗手一時衝動的興趣，那也可能仍然是一個十分好的鎗擊：作為一個鎗擊，它可以比起很多有更高總體價值的鎗擊都更好。以為自衛而近距離開鎗的鎗擊作為例子，鎗擊打不中攻擊者頭部的目標，但擊中了他的肩膀迫使對方停止攻擊。這是一個糟糕的、不準確的射擊，但它比起在海灘的準確射擊更有價值。（如果它要作為更好的鎗擊，而且是更準確的鎗擊，它就可能造成可怕的謀殺，因為那個襲擊未能合理化開鎗射殺攻擊者的行為。）

在這方面，信念是否跟鎗擊很相似？信念作為一種表現，是否能夠實現其內部目的，而同時對其是否有任何內在價值，以及它是否服務於或取消任何外部目的這兩件事保持開放？讓我們一起探討這種關於信念的觀點。

三、知識作為特例

在一個被測試的環境下，所有東西都可以「表現得」好或者差，理性執行者如是，生物器官、設計出來的儀器，甚至是有功能的結構（例

如一條橋) 也如是。橋樑可以很好地發揮其作為交通主幹道一部分的功能。當恆溫器啟動暖氣爐時，它可以很好地保持一個舒適的環境溫度。當心臟跳動時，它可以在幫助血液循環方面表現得很好，諸如此類。

如果木偶的活動關節平滑，沒有生鏽，並且塗上足夠的潤滑油，令木偶的肢體能夠反應流暢，那麼木偶在木偶師的控制下就可以表現良好。橋樑亦可以經由抵受風暴而突顯其良好的表現。如果它們的良好表現是從其狀態及組成恰當地得來，那麼我們就會歸功於木偶以及橋樑。

木偶跟橋樑一樣也可以「表現」(得好或壞)，從而產生表現。但是將它們視為「執行者」就會有點過分了。只因為我們是**理性**執行者的這一點，人類在任何情況下都是不同的。我們不僅有理由去解釋我們為何會作出某個表現，我們還會**擁有**一些理由去作出如此的表現，我們會**為了**某件事、或者受某件事**推動**而作出某個表現。這不僅僅是為達到某個目的而作出表現。畢竟，恆溫器和心臟也有他們的目的，但它們並沒有被這個目的推動，這樣的目的不會提供理由推動它們作出如此的表現。[2]

人的動機是在另一個層面上的，即使相關的表現是物理上的，例如運動或者藝術的表現。

---

[2] 　誠然，即使在那些例子，我們也許可以勉強理解到一種「動機」的引伸概念，就像即使房間已經很涼快，但恆溫器因為受到附近的火炬的誤導而啟動空調的情況，在廣義來說它仍然有理由去作出表現，這可說是一種「推動的理由」(motivating reason)。儘管有著一些重要的相似之處，但這顯然是一種隱喻式的引伸，因為人類動機的複雜程度要高得多。

　　弓箭手的箭發就是一個很好的例子。箭發旨在射中目標，其是否成功可以由它能否準確射中目標來判斷。不過，無論它的準確程度如何，還有一個進一步的評估維度：這個箭發有多高的技巧性、它體現出多高的技巧、它有多熟練（adroit）。然而，箭發或許能夠正中靶心，甚至可能體現出很高的技巧，但仍然可以**作為箭發來說**在另一個維度上完全失敗。例如某個箭發在開頭被一陣風影響，而令它偏離了目標，但是第二陣風卻彌補了偏差，使其回到原本的軌道上並擊中靶心。這個箭發既是準確又是熟練的，但它準確並不是由於熟練，從而顯示射手的技巧和能力。因此，除了準確性和熟練性之外，它在第三維度的評估失敗了：它不是**適切的**（apt）。

　　我們通常接受表現有以下三重的區分：準確性（accuracy）、熟練性（adroitness）及適切性（aptness），這至少可適用到有目的的表現（假設任何表現都可以是完全沒有目的）。

　　沒有**失敗**的表現比其他的表現都要好，「沒有失敗」的意思是指沒有達不到其目的。也就是說，如果它達到目的、如果它是成功的，它就算是好的。即使某個表現是殺人兇徒的射擊，若那是成功的表現，那至少也算是好的。鎗擊本身可能仍然可以是一個優秀的鎗擊，儘管在其置身於的更廣義的表現來說是非常惡劣。

　　在沒有體現出表現者任何能力的情況下而達到其一階目標的表現是較為低級的。受風力的幫助而靠運氣擊中目標的箭發，就因此沒有表現出適當的能力。所以，與擊中目標以顯示射手能力的箭發相比，這是一個較低級的箭發。[3] 一個閃電般快的直接得分球（Ace球），若那是

---

[3]　一個箭發可能不需要以其準確性來體現出箭手的能力。受兩度風力影響的

罕有例外地由某個一般選手(hacker[4])的球拍所發出的，跟一個能夠表現出冠軍選手優秀能力的直接得分球相比，前者仍是一個較低級的發球，餘此類推。以擁有一階目標的任何表現為例，如射箭箭發和網球發球。這種表現亦擁有引發「達成一階目標」的二階目標。表現X最後不僅僅是由p這個事實達成目的 <p>，而是由「X使p得以實現」這個事實以達到其目的。[5]

「知識」這個例子，只是當表現屬於認知或者是與信念有關的特殊情況。信念以真理為目的，如果信念是真的，就是準確或者是正確的。信念因此會有引導我們達成目標的目的。信仰的目的故此不僅在於準確性(真理)，還在於適切性(aptness)(知識)。達到這兩個目的、即是真理和知識的信念，出於上述那個原因，比起僅僅達成第一個目標的信念更好。那就是知識比純粹的真信念更好的方式。[6]

知態規範性(epistemic normativity)作為一種表現規範性(performance normativity)的說法有兩個優點。它對知識的本質提供了一個解釋，它

箭發也可以是一個例子，那個箭發如何體現出箭手的能力呢？假定相關的條件一切正常，箭手放箭時箭發的角度、方向及速度將也令其擊中靶心。

[4] 譯按：對初級及中級網球選手的泛稱。

[5] 如同「p是真」(its being true that p)蘊涵「p是真這句話是真的」(its being true that it is true that p)，所以「某件事使p得以成真」也可以蘊涵「某件事使某件事使p得以成真」，假設這樣的重複總是有意義的。

[6] 即使表現不會我們剛才建議自動出現的引導性目的，我們仍然會維持為什麼知識優於僅是真信念的說法。因為一般來說，適切的表現已經是比那些憑運氣而得到的成功更好。因此，信念只是提供了這個普遍真理的特例。這個說法當然仍然依賴於我們視知識為適切信念的看法，這信念體現了信念持有者為了達到真理時的相關能力。

指出知識亦即是適切的信念，作為適切知態表現的信念，體現出信念持有者以其相關能力獲得真理。其次，它還解釋了知識多於真信念的額外價值。

不幸的是，這個說法遭到一個麻煩的反駁，接下來我們將會探討。

四、擱置判斷的問題

問題出在哪裡呢？

「知識本質上比僅僅是真信念更好」這個規範性判斷，與「當證據不足時，暫緩（判斷）比起相信更好」這個規範性判斷是一致的，由於這兩種判斷都是知態地規範的，我們因此會望它們會很相似，但這不是第一次審視時會發現的事情。

假若真理是我們認知努力的一階目的，那麼相應那個目的我們應該如何評估擱置判斷（suspension of judgment）就不是很明確了，而因此相應地我們很難看到如何將我們的 AAA 規範性結構應用於這種擱置判斷之上，畢竟根本就**沒有**表現可言，那麼這些情況怎樣能夠被納入表現規範性之應用範圍內呢？而如果它們不能夠被吸收，那麼我們已經發現了與我們直覺中最為相關的知態規範性（亦即是知識比僅僅的真信念更好）的這個主張，將會惹來嚴重的懷疑。

讓我們的弓箭手現在當了獵人，而不再是運動場上的選手。在後者的情況，當輪到他的時候，作為運動選手他必須進行射擊而沒有其他相關的選擇。沒錯，他可能完全不參加比賽，但一旦參加了，他就不允許選擇其他相關的射擊目標。相比之下，獵人需要結合他擁有的一

切技巧及注意力去選擇如何射擊。選擇有適當價值的目標，對於狩獵來說是不可或缺的，他還必須選擇如何射擊以確保合理的成功機會。因此，獵人的射擊可以比起運動選手在更多方面進行評估。獵人在射擊上所展示的，可以進行兩重評估：不僅在執行能力這一方面上，還有在選擇目標和選擇如何射擊所展現出的能力這一方面。

不對特定目標進行射擊，可能與表現有關，也可能毫無關係。例如，你**無法進行某個射擊**，因為那時你在睡覺。或者，你可能有意甚至是決意忍耐（forbear，或譯「隱忍」）。此外，如果你抱著某個目的而有意地忍耐，而如果因此達成你的目的，那麼你的忍耐就是成功的，甚至更可以是一種表現，而事實上這個表現是適切的。

假設執行者在某個領域帶著某個目的作出表現，無論那是運動、藝術或者學術等領域也好。這裡衍生出另一個目的：**避免失敗**。此外，你可以以避免失敗為目標，而不是以獲得成功——至少不是一階（ground-level）的成功——為目標。例如，當一個獵人決定不對某個高價值目標進行射擊時，他這個忍耐的表現本身有「避免失敗」這個目標。忍耐正正就是**不**以一階的成功為目的。然而，忍耐本身就有其目的，那就是避免失敗。

獵人忍耐的表現，成功避免了一階的失敗。它確實實現了**那個**目標，這樣也算是適切的嗎？是的，這就是我們的理論要說的東西。總括地講，忍耐是有其自身目的的表現，若它確實達到了其目的，那就表現出執行者的一種能力。

假若那時候非常明顯地獵人本就**應該**射擊呢？假若他決定忍耐其實犯了大錯，那又該怎麼辦呢？

我們如何避免「獵人作出了適切的忍耐，但他顯然不應該忍耐」這個不愉快的結果呢？其中一個選項，是允許那是一種**狹義的**適切表現，同時定義出這種情況缺乏的一種更廣義的適切性。讓我們一起探討這個選項。

假設戴安娜強制要在進行射擊及忍耐之間進行選擇。如果她選擇射擊，那麼她的射箭技能就會發揮作用。如果它的技能使她擊中了目標，那麼她的表現以及箭發，就表現出她狹義上的能力，因此是狹隘地適切（narrowly apt）。儘管如此，她在選擇如何射擊這一方面也可以是無能的。

這是一種方式去廣義地非議狹義上適切的箭發。在顯然**應該**射擊的情況下，選擇不射擊的女獵人在忍耐表現上失敗了。她的忍耐雖然避免了一階的失敗，但仍然是十分糟糕的。

五、各種的適切性

一個表現如果成功地體現出執行者的能力（在相關適當的條件下），那麼該表現就是適切的。當執行者作出表現時，能力的持續存在或其適合的條件是如何的脆弱並不重要。因此，若執行者不擅處理風險，表現就很容易做不到「後設上的適切」（meta-apt），要麼是他做得過多或者是做得過少。當執行者應該更有警覺性時，他有可能察覺不到風險；而當他面對已知的風險時，又可能過於魯莽或者怯懦。雖然失敗的風險過高，但他可能仍然會繼續在第一階上表現；又或者他會忍耐不作為，儘管在那情況他不果斷行動就是怯懦的。

　　表現的適切性因此與後設上的適切性有所區別。任何一個都可以在沒有另一個的情況下存在。

　　例如，射手／獵人的射擊選擇和風險評估可能是非常好的，並且在選擇射擊時他可能表現出評估風險的能力，但射擊本身仍然可以是失敗的，因不成功（不準確）故而是不確切的（inapt）。因此，這個射擊是不適切的，但是在後設上適切。

　　相反地，一個獵人在決定射擊某個目標時，考慮到他已知的能力（他一直在喝酒）和風力的評估（在刮大風），他可能承擔了過高的風險。當他射擊時，醉酒對他的影響可能仍未足以到達一個能否定其能力水平，而風也可能剛好靜了下來，所以他的射擊（因**那**突如其來的運氣）仍是頗為適切的。這裡射擊是適切的而不是後設上適切的。

　　我們從運動選手的箭手轉變到獵人射手，以及他更廣泛的射擊目標選擇以及選擇射擊的方式，而因此引入了以下區別。

　　一個射擊是**適切的**若且僅若它所得到的成功、它擊中其目標這件事能夠體現出執行者的一階能力，即是他精湛的射擊技術。

　　一個射擊是**後設上適切的**若且僅若那是選擇得非常好的。即是說，若且僅若那是承受恰當的風險，而且執行者通過它而體現出選擇目標和射擊方式的能力。

適切性和後設適切性當中任何一個對彼此來說也是不充分的，它們各自互相獨立。

　　當戴安娜射擊，她的射擊本身可能既是適切的又是後設上適切的。如果她選擇隱忍，她的隱忍可以是後設上適切的，雖然它當然不會在一

階的層次來說算是適切的，因為它甚至沒有在那個層面上旨在取得成功。然而，因她有適當地對她感知到的風險水平作出反應，她的隱忍是後設上適切的，好的反應體現出她的後設能力 (meta-competence)。

有時執行者會以一階的層次的行動去正確做出反應，在這種情況下，這個正面的表現就是後設上適切的；有時候恰當的反應就是忍耐，那麼這時忍耐就是後設上適切的。

我們可以說，一個射擊可以是既適切、又在後設上適切，但仍然不是**以後設上適切作為原因**令其是適切的。因此，某個射擊可能體現出獵人的風險評估能力，而且也可以在適合射擊的條件下，體現出他作為射手的能力，而雖然那個射擊可以是適切的，但不是通過射手的後設能力，而只是通過某種運氣而成。

六、整全的適切性與反省式知識

當一個表現在一階的層次上是適切的，並且我們可以由有能的風險評估來解釋其適切性，這個表現就會達到某種特殊的地位。假設風險評估牽涉到表現者了解他自己的狀況 (包括「構成的」及「周邊的」，constitutional and circumstantial) 是有利於 (當失敗的風險足夠地低) 作出這樣的表現。如果都滿足了這些條件，那麼表現的適切性就可以來自於它的後設適切性；也就是說，若表現者擁有的後設知識能令他知道他的一階表現是足夠可能地成功以及是適切的，表現的適切性就可以由此得到相關的解釋。

　　這可以適用於諸如射中獵物的射擊這種表現。如果這發射擊不僅是適切的，而且是後設上適切的，更是因為後設上適切而是適切的，這就算得上是**整全**適切的（fully apt），這發射擊就是高等的、令人讚嘆的，也更能歸功於射擊者。例如，當戴安娜的射擊的適切性源自於她在正確評估風險時的後設能力，因為她承擔了合理的風險而令射擊關鍵地獲得了一階的成功，她的射擊就是整全適切的。

　　適切性有不同的程度可言。例如，如果某發射擊比其他的體現出更為可靠的能力，那發射擊就比其他的更為適切（more apt）。從某個方面說，網球冠軍的發球可能並不比一般網球手發出的、有同樣速度及落點的發球更好。而在另一個方面來說，網球冠軍的發球在球場上表現出了他的高超的技能，而一般選手那幾乎相同的發球只是幸運使然，而且只有極少，甚至根本沒有技術性可言。此外，冠軍的射擊在兩個層面上體現了其能力。它體現了冠軍選手純粹的運動能力，他以良好的速度和位置擊球，並且這種發球佔有十分好的高比例。但是它通常也能夠體現出冠軍選手的出色的發球選擇，以及她以很高的成功率進行各種擊球的能力。一般球手的發球在這兩個方面都不如人意。

　　冠軍選手的發球是適切的、後設上適切的、更是**整全地**適切的，亦即是因為後設上適切所以適切（apt because meta-apt）。一個發球要擁有「適切」這個性質，它就要成功地體現出執行者擁有的能力。整件事情本身是執行者可以籌劃（或者不籌劃）出來的，而不僅僅是運用他身上的一階能力。執行者也許能夠選擇何時何地去運用該能力，在另一方面，也可以在這種選擇當中表現出或多或少的能力。

弓箭手／獵人的射擊情況也是相同。射擊可以是適切的，若果其成功以及其準確性可以體現出執行者在相關適當條件下的能力（無風、足夠的光線、適當範圍內的距離等），但它也可以體現出執行者對選擇目標和選擇射擊方式的後設能力。若是如此，那麼射擊在某個特定條件下發生並不是偶然的，而射手的能力，也足以令他很大機會成功地完成任務。換句話說，執行者在察知風險上是足夠有能的，而這種能力就體現在他用來判斷風險水平適中的知識上。在一個層面上，射擊的適切程度取決於其成功所體現出的能力程度。但是，在另一個層面上，射擊是否達到整全的適切性還取決於其成功所表現出的後設能力。這種整全的適切性所需要的是，執行者的一階適切性能夠充分地從他對成功機會（以及相關的失敗風險）的評估中得來，儘管那是不會明言的。

這裡，執行者處於後設的層面上。他必須考慮到他的能力是（並將保持）完好的以及相關條件是（並將保持）適當的可能性，他也必須評估他在這種條件下以他的能力作出成功行動的可能性。假設他認為他成功的機率足夠地高（並且失敗的風險足夠地低），而且他因其豐富的知識，正確地知道他得以成功的機率，自身能力以及相關條件也一如他所設想。我們再進一步假設他相應地運用了自己的能力，因此他的射擊的（一階）適切性歸功於他的後設能力，這充分地有賴於他正確估算成功的機率，以及他正確知道**這件事**作為對這種後設能力的體現。執行者的射擊因此更為整全地適切，也更能歸功於其執行者，這些程度視乎以上所有條件有多整全地成立而按比例改變。

我們因此發現了更高程度的**基於表現**的規範性。重申一次，**知態**規範性也是這種更為複雜和巧妙的一種特例。動物知識（animal knowledge）是一階的適切信念，反省式知識（reflective knowledge）是被主體在後設層面適切地贊同的動物信念。我們現在可以看到，充分整全地知道某件事，需要當事人具有那件事的動物和反省式知識，而且還要當事人整全適切地知道它。也就是說，它要求一個人的一階信念的正確性，不僅要體現出動物性的一階能力，確保其足夠可靠地產生出正確的信念。如果一個人的一階信念並沒有得到認知者相關的後設能力適當的**引導**，那麼他的一階信念就是有所不足的。這種後設能力決定一個人是否應該在所討論的問題上形成一個信念，或者是否應該隱忍而有所保留。只有當這個後設能力在當事人對那個主題形成一個信念時產生作用，那人的信念才能夠在知態上更上一層樓。一個人的一階信念適切的程度，是與它從其成功可靠地體現出一階能力的程度成正比。更重要的是，它整全地適切的程度，與其成功可靠地體現出後設能力的程度成正比。然而，這種後設能力的體現總是與我們有一段距離（manifest at a remove），因為「**這信念足以可能在一階的層次成為適切的**」這個後設知識是由一個事實所構成，這個事實就是，相應後設信念的正確性本身，就體現出信念持有者相關的後設能力。

　　整全適切的表現作為表現，通常也比起那些成功但完全不適切的表現更好，也比起那些只是適切而不整全適切的表現更好。戴安娜殺死它的獵物的箭發假若是適切的，那個適切的箭發總是比僅僅憑運氣而不是以能力獲得成功的箭發要好。此外，如果它的成功也是來自她選擇目標、挑選射擊方式的能力，它就是一個更好、更令人讚嘆，也更能歸功於其箭手的箭發。若她正確的能力是由進行成功的一階表現所要求的條件下所體現出來，**但**這只是憑運氣發生而**外在於**她選擇目標及箭發的後設能力，我們上文說到的箭發更加可歸功於戴安娜身上。

知態規範性其實也只是這一切的一個特例。適切信念，即**動物知識**，比那些只達到目的而不適切的真信念優越。適切地得到的適切信念，即**反省式知識**，是優於單純的適切信念或者是動物知識，特別是當反省式知識有助於引導一階信念以使其成為適切的。[7] 在這種情況下，信念就是整全適切的，於是信念持有者就達到了**整全之知**（knows full well）。

（歐陽迪生　譯）

---

[7] 事實上，恰當的反省式知識**總是**能夠引導及幫助指導其相應的動物信念。恰當的反省式知識也將滿足連貫性（coherence）的要求，這不僅意味著相關的信念內容要達到邏輯的或概率的連貫性，而且意味著會有一種相互的建基關係（mutual basing relations）能夠恰當地反映信念內容之間的連貫性。跨層次的連貫性，從一般到後設層次以及它的相反方向，是這種連貫性的一個特例，它會以相關的後設信念來引入對動物信念的「指引」（或者換句話說，是動物信念的指引要建基於後設信念）。值得強調的是，我們發現信念的後設適切性是**知態**評價其中一個重要因素，它需要提升到一個足夠好的角度，這角度關於信念持有者必須選擇的一階潛在態度（他是否完全有意識地考慮，或者以不那麼明確的程序而作出決定）。貫穿一階態度的連貫性是不足夠的。信念持有者必須提升到能評估相關風險的水平，無論是他是完全有意識的還是以不明確的方式作評估，並以此評估作為基礎而選擇。該分析必然包括對一個人的相關能力和狀況進行的一些評估，如果要產生一個完全可歸功於信念持有者上的一階表現，這必須充分地執行。這個完全可歸功到信念持有者的評估也因此是整全知態的（fully epistemic）。因為這個評估可用來判斷某個信念是否就是對某個情況的恰當反應，而我們不應該擱置信念。

二

知態質素的水平

一、哪類型的心理狀態可以構成理性基礎？

1. 我們的心理生活分為三個區域：第一，與人的**自由**（freedom）、自由奮鬥有關，例如選擇和判斷；第二，跟**功能**（functioning）有關，就如乍看之下，某條線看起來比另外一條線看起來更長；還有的就是**強烈的情緒**（passions），包括知態（epistemically）相關的被動狀態，例如痕癢和頭痛。

功能也可以有目標，當然也有奮鬥的部分。因此，心臟旨在泵送血液以循環全身，我們的感知系統旨在通過其正常運作來足夠精確地表現我們周遭的環境。

至於知態的被動狀態，它可以通過兩種方式，合理地吸引主體不由自主地表示同意。

吸引一個人去相信某件事，可能是那個人正處於某個狀態，正如頭痛會令人相信**自己正受頭痛困擾**一樣。因此，當一個人似乎正在頭

痛，正正就是頭痛的痛苦恰當地引起了（頭痛的）表象（seemings）。是否有人會因這個表象而有理由去吸引自己接受他正在頭痛呢？當然有人會這樣，但因為這個原因而被吸引的人，並不需要另外意識到自己在痛──或者是「自己在痛」的信念──基於這種意識通過「肯定前件」（modus ponen）的方式，使人能相信自己疼痛，或者至少被這意識吸引繼而相信自己疼痛。這是不可能的，因為它需要當事人已經形成了一種疼痛的信念。相反，理性基礎必須以頭痛本身作為基礎，而頭痛必須為表象以及吸引贊同提供動機上的基礎。然後，這種吸引力必須與任何其他可能在動機上促使人思考某人是否處於痛苦狀態（而不是不適）的其他吸引力互相競爭。在這些向量（vectors）的衝突中會產生出合成向量（包括作為極端情況的空向量）。該合成向量會對應合成的表象或吸引力。說到頭痛，其合成向量將是有一定幅度（magnitude）的信用（credence），也許是具有高幅度的正面信任。

這是一種可以正確地獲得高幅度信任的方法。但是當吸引人同意的心理狀態本身就有一個命題內容，那就可以用一種完全不同的方式去做。例如，它可以是視覺體驗，就像我們看到白色和方形的表面一樣。現在我們可能會被吸引，不單止接受當事人有這樣的視覺體驗，而且還接受當事人能看到這樣的表面。而且我們需要允許視覺體驗能夠是呈現自身（self-presenting），以便其純粹的存在可以為「某人看到這樣的表面」這個相應的表象提供合理的基礎。也就是說，它吸引我們同意的能力並不需要通過其命題意識而傳遞。因此，以感知或經驗為基礎的表象，可能就會與其他理性力量──理性的表象或趨向贊同的吸引力──互相競爭。這場衝突可能會產生出一個會合成的信用（resultant credence），一個可以有很高幅度的信任。

2. 一個自由的判斷可以通過一個理性機制（rationale），或者通過其他可以作為一個人的知態動機的判斷，而得到證成。但是，這種用來證成的判斷又需要再次得到證成，這可能會導致惡性的（無窮）後退（vicious regress），這種惡性後退無法合理地停止於**基本**判斷（*fundamental judgments*）——這種判斷既沒有也不需要任何進一步的理由作為其依據。他們不可能這麼基於所謂的基本判斷，因為我們不能在沒有任何支持理由下**隨意自由地判斷** p。

除了自由決定的判斷以外，我們需要能夠提供理性支持的狀態。我們需要這些理由去避開那種基本的隨意性。但是，一旦我們明白為什麼需要停止這種後退，我們就明白，為什麼對自由判斷如何可「恰當地建基於」這樣的理由，必須予以限制。這種基礎不容許牽涉到對基礎的判斷意識，以及相信這樣的基礎帶來了基於這基礎的這個信念的真實性。這將涉及到「肯定前件」（modus ponen）推理，自由判斷的前提和自由判斷的、受支持的信念。這不會以要求的方式擺脫自由的領域。我們仍然需要考慮自由判斷的前提的知態地位（也許還需要考慮自由判斷的受支持的概化）。

所以這不可能是正確的。相反，我們必須將功能狀態本身視作理性基礎。我們必須跨越自由領域和功能領域之間的鴻溝。我們引用了一種理性基礎的關係，它允許在功能領域內建立一個給予自由領域內的自由判斷的理性基礎。

這就是我們提議跨領域理性基礎的原因。這種基礎跨越心理狀態的兩個知態領域之間的邊界：功能領域和自由領域，類似的推理亦揭示了它在被動領域和功能領域之間的邊界也是有用的。

二、能力 (Competence) 的重要性

1.　對於在人類認知機制中跨區域理性基礎的重要位置就說到這裡。然而，我們的思考也強調了能力對構成知識的知態證成 (epistemic justification) 的重要性。有時，信用的理性恰當性 (rational propriety) 似乎不能合理地完全從理性基礎而來。與這相關的是嚴重盲視者 (super-blindsighters) 的信念，以及我們最簡單的算術、幾何和邏輯信念，以及其他不需要理性基礎的簡單信念。對於這些不同信念的知態恰當性而言，重要的只是它們來自合適的知態能力，在這些情況下它們不必基於理性。儘管人類有能 (competent) 的信念通常是從理性基礎得來的，但它也可能通過「次個人」(subpersonal)[1] 的方式而來。盲視者可以通過「次個人」的方式知悉外界。另一個我們能夠間接知道的是，當我們躺在床上即將起床的時候，可以有從自己睡醒以來已經過超過兩秒鐘這個知識。[2]

---

[1]　譯注：「次個人」(subpersonal) 指個人主觀意識以外的因素。

[2]　這裡看起來屬於「次個人」的是一個人受吸引去同意某個相關命題內容的過程。吸引力本身當然不一定算是「次個人」的。這種情況缺乏任何類似於我們視覺體驗的**經驗**狀態，例如看到火，或者是看到一隻手等等的視覺體驗。非常合理的，有人可能會堅持認為沒有任何**信念**可以毫無根據地得到證成，這在應用於判斷性（而非功能性）信念時似乎特別合理。這裡永遠都會有能夠脫離開整全信念 (full-fledged belief) 的**智性表像**，或者是贊同的吸引力，因為輔助推理 (collateral reasoning) 可能已經阻止了完全的信念，就如針對悖論的解決法一般，例如騙子之於堆垛悖論。雖然我認為這是回應問題的正確觀點，但我在這裡的闡述將其簡化了，在適當的時候可以修改為更複雜的版本以賦予智性表像恰當的理性角色。

　　我們的思考，不僅涉及在恰當運作領域當中的理性表現的功能性證成。它還涉及負責的自由判斷領域當中，理性表現的義務性證成（deontic justification）。誠然，與後者相關的能力，即是自由的努力，與意志是至關重要的。正如笛卡兒在理解作出自由判斷時的意志機能，以及作出卓越理解的運作機能時，也發現有上述的情況。

　　然而，僅僅指出信用或信仰，與既定的、呈現自身的狀態之間有對應關係，或者在內容上巧合地一致，並不足以滿足構成知識所需的知態證成。舉例說，在我主觀視野中的十個斑點，與「在那個視野中的十個斑點」這直接信念，這兩者之間的對應關係的事實，並不足以確保我的信念在知態上是合理的，此外也需要相關的能力。我必須擴展這種不需計算即能在短時間內發現東西數量的能力，直到可以應付十個數量的情況，但這是遠遠未能做到的。

　　此外，盲視和時間感知的現象令人懷疑，基礎主義是否本質上必須建基於人們能夠理性相信的前信念（pre-belief）的心理狀態。雖然與知識相關的能力可以基於這樣的狀態運作 —— 例如疼痛或者基本的視覺經驗 —— 但它不一定需要如此。同樣，它也可以通過「次個人」的機制運作，這些機制通過光、睜開的眼睛、以及能夠做出反應和辨別信念的大腦和神經系統等等的因果輸入，直接產生信念或信用。

　　2.　回想一下，無論我們是否限制自由判斷或者理性功能（rational functionings），循環性（circularity）及後退（regress）似乎都是惡性的。似乎不可能的是，一整套判斷、信念或信用，都可以僅僅憑藉理性基礎的相互關係而得到知態證成或變得「有能」。再者，綜合以下兩個因素考

慮也使這變得難以置信：首先，知態證成不能完全與真理隔離開來；第二，這種具有理性相互關係的集合，[3] 若與相關的真理隔離，集合內的子項目即使密切地互相關聯，也無法得到完整的證成。在這樣的集合中，錯綜複雜的、理性的相互關係，仍然可能與其子項目的真實程度脫節。某位偉大的小說家心中藏著一個條理複雜的故事，故事當中可能會有很多理性的相互關係，但這些理性相互關係可以毫無相關的真理。一個瘋狂得開始相信自己創作的故事的小說家，也不會達到知識所需的狀態，即是有能地證成（competently justified）的信念。而這不能簡單地通過逐步增加信念的子項目去加以補救，即便將子項目的數量加至無窮也是無濟於事。

　　有個補救辦法是較多人支持的，這個辦法需要在知態被動領域內，與既定的、呈現自身的狀態關連起來。我們似乎確實以這樣的基礎狀態阻止證成過程出現倒退的情況，原因是這些既定的、呈現自身的狀態不需要被證成，亦不需要為了建基於這些狀態的進一步信用或者信念提供證成而被證成。再者，我們可因此獲得那超越了信念和信用的、與世界的關係，因為這些呈現自我的狀態，本身就是這個世界的一部分，而且它們亦提供了一條可靠的渠道，通往外在於主體心智的世界。

　　3.　即使這一切看似正確，但似乎不正確的地方是：唯有通過假設這種基礎的、呈現自身的心理狀態才能確保到信念可靠地反映真理（truth-reliability）的關係，以連結我們心靈以外的世界。可以同樣可靠

3　譯注：「集合」指上文提及的「一整套判斷、信念或信用」。

地將我們的信念與外部世界聯繫起來的次個人機制，難道不存在嗎？盲視和感知時間的例子表明，這並不只是一個概念上的可能性。[4]

三、呈現自身（Self-Presenting）

我們剛才已經為被動狀態的證成後退的情況，找到了一個停止的地方，這種被動狀態當中，包括物理上的疼痛。有人會回應說：「痛苦確實有命題內容，因此能夠在知態上作出跟感知經驗至少同等種程度的評估。」如果我們進一步作出一些區分，這個爭議性的問題就可以避免。

1. 我們已經認識到，感知經驗本質上是知態的，而當中部分是有代表性（representational）的，因此可以被評估為真實的或虛假的。不過，將痛苦尤其是痕癢這類的經驗解釋為具有這種的內容，就似乎不太可信了。因此，我們可能更傾向擱置對痛苦代表主義（pain representationalism）的判斷。例如，人們可能會懷疑頭痛甚至是腳痛是否帶有類似「傷害」這種獨特的內容。這個「腳痛」的感覺確實就是某個身體表面部分的固有代表，似乎這就是我們先入為主的「在門中的作為代表的腳」（a representational foot in the door）。

---

[4] 此外，我們對邏輯、算術和幾何最簡單的信念提供了進一步的例子，當中的基礎信念在沒有前信念的、呈現自身的既定心理狀態的幫助也可獲得知態證成。假設我們對這種基於理解的信念是足夠可靠的，那麼純粹的理解本身可以合理地為我們提供相關的簡單真理。

2. 一個應變的、更全面的答案，該可應用於以下所有三個情況：清楚地具有代表性的感官經驗，例如痕癢和疼痛；其他身體感覺；甚至是一般的心理現象，無論是否具有代表性均包含在內。我們需要一種心理狀態的概念，這種概念無論是主動的還是被動的，無論是否具有代表性，都可以作為信念的知態基礎，而不依賴於其先前的知態地位。因此，這些狀態算是「被動的」，因為它並非由它們成功和／或者是有能的知態活動（有的話），令它們適合作為進一步知態表現的適當基礎。任何可以作為基礎的心理狀態或行為都是相應地被動的。也就是說，即使它是主動的，也不會是由於它的成功或有能的地位，令其有資格作為知態表現的適當基礎。一個**錯誤**的、**未獲證成**的信念，仍然可以作為信念持有者相信他的證成信念的完美基礎。

3. 當然，一旦我們意識到這一點，即使是自由的判斷或選擇，也可以合理地發揮相關的「被動」作用。這樣的話，它們也可以作為知態表現的基礎，而不需要視乎它們是否知態上成功甚至是有能。

4. 這表明，與皮浪主義（Pyrrhonian）問題相關的知態分類，因此是屬於知態功能上的而不是本體論上的分類。必須指出，在本體論上區分的三個領域中，各自有途徑阻止惡性的後退，這三個領域是：(a) 自由努力，(b) 功能，以及 (c) 被動。(c) 領域子成員的獨特之處在於，在其他兩個領域之中仍有可能發生的混淆，在 (c) 領域中卻不會發生。既然屬於 (c) 領域的成員沒有相關的「執行性」（agential），那麼我們也沒有誘因認為惡性後退未有在它們身上停止，原因是我們沒有需要在

知態上評估它們自己的表現。要麼（一）它們都是不能夠被評估的，就如某些根本沒有代表性的現像式心理狀態一樣，好像是痕癢之類；或者（二）即使它具有代表性，它們作為更多信念的知態基礎之所以能夠正常運作，並不依賴於它們自己的知態地位；它們自己的知態地位可能很低，但不會損害它們成為更多信念的基礎。

5.　最後，辯證地講，現在看來相對不重要的是，究竟被動領域是否有許多成員，還是根本沒有成員？以下似乎是我們現在這個探討的關鍵議題：出於知識論的目的，我們可以擱置判斷被動領域是否為空。事際上，這似乎已經是個相對不重要的問題，因為即使是盲視者，也可以在沒有任何相關的被動狀態之下阻止後退的情況，而這些被動狀態可以為他們的信念提供知態的基礎。根本上，真正重要的是能力本身；當能力是基礎的時候，不論當中是否涉及理性基礎，後退的情況就能夠阻止。

四、**完整**能力的重要性

我們已經看到，有問題的後退不只出現在自由判斷上，而且也出現在知態功能上。現在基本問題並不在於任意性（arbitrariness）。沒有任何理性基礎的感知功能，似乎沒有特殊的問題。即使我們缺乏任何**理性**的基礎而透過某種感知方式感知外部環境，也不會在規範上成為問題。對於「百寧諾」（Braino）這顆桶中的大腦（brain in a vat），我們對他的信

念體系的確有不少可以評論的地方，百寧諾可以精準地推斷出最合理的世界觀，任何理性的存在物都可以基於相關的感知輸入來構建出一個世界觀，這些感知輸入構成了百寧諾到現時為止漫長生命裡表面上的整體感官體驗。儘管百寧諾有著令人讚賞的理性「證成」，但他仍然缺少一些對於他的信念體系至關重要的知態狀態。實際上，他的信念缺乏整個知態狀態的層級結構。

　　基本上，百寧諾缺少的東西，正是相關的SeShSi知態能力。完整的能力不僅要求即使在喝醉或睡著時也能保持適當的「座位/技能」（seat/skill）能力，還需要適當的「形狀」（shape），尤其是適當的「狀況」（situation）。百寧諾缺乏一個適當狀況以得到知態能力：由於缺乏各種感覺器官以提供適當的經驗渠道，他與外在環境的聯繫被切斷。

五、信譽的種類

　　1.　惡毒的行為之所以會造成道德上名譽受損，是因為該行為被視為一適切的（apt）行為，而施行者因此贏得信譽（credit）；實際上那個施行者是藉著實現其卑劣的目的，以顯示其能力。買兇暗殺一個好的政治領袖就是例子。

　　在這個主題的各個變體及面向當中，我們關注的信譽是與某些特定領域有關的，例如是某種特定的運動，或者某種表演藝術。在某個領域上令某人贏得信譽的方式有三種類型。表現本身可能是某一下特定的箭發，或者是某一段特定的樂段或者華彩段，又或者貫穿整場比賽或者整首協奏曲。不論其長度，也不論其複雜性，該項表演都可以由適

合該領域的標準來評估。這個表演可以是大致上成功的，也可以體現出表演者掌握該項能力的程度。在這個初步階段，我們會歸功於適切的（apt）表演，而這個表演的成功是可以體現出表演者的能力，而不僅僅是他的運氣。

除此之外，我們還要考慮表演者在評估他的限制時的判斷。他未必有能力處理某一個特定的表演。這可以適用於某個特定網球發球的特殊合理性和頻率——或者是特定的歌劇華彩樂段及特定的芭蕾舞舞步也可——還有發球的攻勢。一個鋼琴名家合理地判斷他有能力彈奏某個樂段；一個較次等的鋼琴家，可能誤以為自己的能力足以應付同一樂段，因而挑選了此樂段在一個重要的演奏會上表演，他也許**碰巧**能夠完全駕馭那個樂段，效果也符合自己的高要求，但這只是運氣使然，他〔對自己能力〕的判斷還是差勁的。相對於他可以作出的合理期待而言，他對自己在那個環境下該如何彈奏，作出了不自量力的選擇。因此，他應得到初級的信譽（primary credit），但沒有進階的信譽（secondary credit）。他的表現是適切的（apt），但可不是後設地適切（meta-apt），更說不上是完全適切的（fully apt）。他在第一程度享有信譽，但沒有在進階程度享有信譽。在進階程度這個較高階的層面上，運氣只會令信譽減少。

信譽的兩個維度以及與之相應的美德（virtue）的兩個維度，都可以是特定於領域的。他們既可以在網球的領域，亦可以在射箭狩獵的領域，或者在任何一種表演藝術的領域內出現，例如芭蕾舞或者演奏小提琴。有人可以成為明智的院長或棒球隊經理，即使他的個人生活搞得一團糟。正如我試圖做的，信譽和美德的維度，可以抽象地以其相關

的表現來定義。我們接著就可以在特定的領域之中，例如某種體育項目或者表演藝術等，以及它們努力的特徵線當中找到實例。

2.　這一切都特別適用於**知態**（epistemic）領域，其中心表現是判斷或者信念。於此，美德的兩個維度可以區分開來。首先是初階的：當認知者能分辨真假，能力就藉此直接得到體現。然後是進階的，就是一個人在以下情況下有明辨的能力：他／她在某個領域內的某個問題上，享有完全的初階能力，並且能夠相應地指導自己的一階表現。

對應於美德的維度是信譽的維度。某個知態執行者成功適切地找到一個新發現，那麼他就在初階維度拿到信譽，他在虛假中辨別出真實的過程體現出他的知態能力。此外，如果他不僅能夠適切地得到真理，而且是以第一重的智慧（first degree of wisdom）來實現這件事：他是充分利用針對當前問題的完整能力（complete competence）的知識去得到真理的，那麼他可能就會在進階維度上得到信譽。

（歐陽迪生　譯）

三

「擱置判斷」如何帶來知識論上的問題

對「擱置判斷」的恰當理解，可顯示懷疑論以及證據主義的問題。這會導致一種「執行者知識論」(agential epistemology)，這種知識論能夠反映「疏忽」(negligence)和「罔顧」(recklessness)如何與知態評價(epistemic assessment)拉上關係。

一、懷疑論和證據主義

1.　知態執行者(epistemic agents)應對任何關於某一命題的問題 <p?> 都有三種選擇。他們能夠肯定、否定或者擱置判斷。否定 <p>，其實即是等於肯定 <非 p> 這條命題。所以，當我們說思考者面對三種的選擇時，其實相當於面對兩種選擇：(正面或者負面地)肯定和擱置(判斷)。

2.　有些懷疑論者認為他們有理由去擱置判斷，這裡說的「擱置」，

（大概的說）就是有意地避免肯定。相關的理由必須是「知態」(epistemic) 的，你不能用手槍指著他們的頭，威脅他們除非作出肯定，否則開槍。這個方法不能令一個煩惱的懷疑論者解決他們的懷疑論。當然這是令人作出肯定的絕佳理由(僅若他們能夠做到)，卻不是一個合適的理由，它只是實效 (pragmatic) 的理由，而不是知態 (epistemic) 的理由。

皮浪懷疑論者 (Pyrrhonian skeptics) 跟從的理由，是從皮浪主義的原則而來，那是一套互相關聯的、關於理性知識態度的原則。最簡單的原則就是：**沒有充分的理由去肯定命題(正面或者負面地)，就有充分的理由去擱置判斷。**知態態度(epistemic attitude)要得到證成(justified)，它必須建基於**持有該態度的合適理由**。但是如果這個理由不能只是實效的理由，更要是知態的理由，我們應該如何理解這種理由呢？

3. 知識論上關於真理，以及正確(對事實的)表徵(correct representation) 的討論重點，吸引我們把「持有某態度的**知態**理由」與真假的範疇拉上關係。我們也因此會把這個理由理解成一種「給予其證據」(evidencing) 或者「加強其可能性」(probabilifying) 的關係。這符合以下闡述的這種一般的知態證據主義 (epistemic evidentialism)。

證據主義 (Evidentialism)

(一) 於 t^1，S 命題上證成地 (propositionally justified) 判斷 p，若且僅若於 t，S 有總體的相關證據 (a total body of relevant evidence) 去給予 <p> 證據。

---

[1] 譯注：t 指某時間點。

（二）　於 t，S 信念上證成地（doxastically justified）判斷 p，若且僅若於
　　　　t，S 有總體的相關證據去給予 <p> 證據，而且 S 判斷 p 是基於該
　　　　組證據。[2]

4.　證據主義者的問題。

　　擱置關於某條問題的**判斷**，是一種我們能夠恰當地持有的態度，即
使這種態度難以建基於你持有的總體證據。如果證據充分地支持你肯
定的命題內容，我們就能夠合理地基於證據去肯定某條命題。但這樣

---

[2]　另外，正如 Earl Conee 與 Richard Feldman 於他們關於證據主義的經典文本上
　　所說，我們可以要求命題「附合」（"fit"）證據，這個說法有同一作用。最新
　　近全面而仔細地為證據主義作出辯護的是 Kevin McCain 的《證據主義與知
　　態證成》（*Evidentialism and Epistemic Justification*）（Routledge, 2014）。此書論
　　證證據主義信條的某一種解釋主義的形式（an explanationist form）。
　　　　但是，它對擱置判斷的處理是有問題的。「主體於 t 合適地對 p 暫緩判
　　斷」被簡單地定義為「<p> 及 < 非 p> 都不符合主體擁有的總體相關證據」。然
　　而，假設 <p> 附合你的總體相關證據，儘管你尚未有時間去察覺這件事，
　　而你仍未相信 p 能夠建基於你擁有的證據。根據剛才的定義，你此時就是
　　不合適地暫緩判斷。這不可能是對的。無疑，直至你**真正**合適相信 p 之
　　前，你**一定**都會對 p 有所保留。<p> 符合你的總體相關證據這件事實並不足
　　以在你仍然在考慮的時候否定你是**合適地**暫緩判斷的。
　　　　再者，這觀點似乎也會出現在本文提到的一般證據主義的問題。此書
　　闡述了一個詳細的、以介入式因果關係為框架的、關於根據（basing）的因
　　果理論。書中指出主體在信念上證成地相信 p 若且僅若 <p> 符合他的總體
　　相關證據（以一種解釋主義的方式），而他的信念是因果地建基於那些證據
　　上。書中並沒有交代一點：究竟該假說是否符合他的證據（以那種解釋主
　　義的方式），當事人對此也許**不敏感**（insensitive）。這個觀點似乎難以避免
　　一個問題，就是主體可能在很大程度靠運氣得到那個假說。在這個情況，
　　假說符合主體的證據，但主體本人對此事卻不是合適地敏感的。

就不能從證據與擱置內容的關係，清楚看到**擱置如何能夠建基在你的證據上**。不過，**肯定**與**擱置**如何分別地得到證成，兩者之間其實有共同重要的東西。需要證成的是關於某條問題決定擱置，或者肯定（正面或負面地）的**選擇**。無論最後的選擇如何，它的證成（justification）都會關乎到兩個不相容的選項：肯定及擱置兩者之間的**比較**。重要的是：關於那條問題，你手上的總體相關證據是**充分抑或是不充分**。選擇必須建基於其上，它不能**只**建基於證據，不能只建基於證據的**內容**。

主體是否有適當地擱置，不只視乎他持有的相關證據，更要看那些證據**充分與否**。因此，不單在你適當地擱置的時候，即使在你（正面或負面地）肯定的時候也是一樣，你對證據是否充分，必須敏感。那麼，若一個「良好地形成」的判斷是信念上證成的（doxastically justified），你絕不可以單單受你的總體相關證據E的內容引導，E還必須符合以下兩個條件：

(一) E就是你的**總體**相關證據（total body of relevant evidence），而且你沒有**其他**相關的證據；

(二) E在知態上充分地得出判斷而不是擱置，而且擁有的證據的比重充分地支持作出肯定的判斷，不論這個判斷是正面或者負面的。

你絕不可以單單受你擁有的相關證據E的內容引導，你還必須受「E符合以上兩個條件」這個事實所引導。

如果在作出判斷的時候，你並非對**所有**這些條件足夠地敏感，那麼即使你的判斷是成功的，也只是運氣所致，其實並不可信。你的知態

情況（epistemic situation）若無相關的改變，你就會很容易作出其他的判斷，這與利用足夠的**知態能力**（competence）去達至某一個信念態度的做法是不相容的。

例如，假設某組證據 E 是你針對「P 是否為真」這條問題的**總體**相關證據，你在考慮你應否在 E 的內容基礎上判斷 P，但你並沒有考慮那些是否你的**總體**相關證據，甚至也算不上是默認那些就是總體證據。你也沒有考慮你是否需要尋找更多的證據。你因此只是根據 E 去判斷出 P，只是**獨立地**（severally）根據 E 包括的資訊去判斷。根據證據主義這已經足夠了，你已經是信念上證成（doxastically justified）相信 P。但這不可能是對的。

我將會論證，要理解知態規範性（epistemic normativity）的正確模型，應該要留意執行者能動性（agency），理解信念上的證成尤其如此。

想像一下在你腦中加入一個數字的縱列，以及該縱列的長度及闊度（它的「面積」）。面積範圍由二到一百不等，當到了某一點超過了下限，你的可靠性就變得太低，你的答案就不夠可靠。

5. 我們已經見到，你必須在閉合的探究（closing inquiry）得到證成。你必須**合適地**滿足一個條件，就是你考慮的證據必須是你的**總體**證據，包括所有你擁有的、跟「P 是否為真」這條問題有關係的證據。而你也必須滿足另一個條件，就是你擁有的證據要充分地成為判斷的根據。這是更進一步的，在概念上（跟以往）不同的一種充分性概念。你必須要求你的證據**充分地廣博**（sufficiently extensive）。你起碼也要默認這個要求已經得到滿足，並必須假設甚至想當然地認定你**不需要**尋求更多的資訊。

一組證據之可以充足地支持針對某條問題的判斷，僅當某邊證據的比重（不論是正面或者負面）大得足以證成肯定（正面或者負面的肯定）。人們也必須讓這個探查是合適地閉合的（properly close）。基於某組證據去做判斷的時候，必須避免「疏忽」和「罔顧」的情況，以免過早地作出判斷，疏忽和罔顧的情況會妨礙人們作出可信而有能力（competent）的表現（performance）。

回到上文提及過的數字縱列，其面積由長度乘闊度而決定。在此，應考慮紙、筆甚至是計算機的供應。

再進一步想想，這裡有另一個反映實踐能動性的好例子：一個疏忽魯莽機師的個案。

想像一下：飛機在即將降落前被閃電擊中，這就像一個新的惡魔論證。儘管機師有精湛的駕駛技巧，但是不管是在達到目的[3] 方面，還是在避免「疏忽」和「罔顧」方面，他的表現也是嚴重不足的。

注意以上這個例子如何連繫到，某個幸運地成功的判斷會減少或者妨礙我們給予執行者信任這個問題。

6.　假設：某人對他用來判斷的證據是否符合所有相關條件，並不是充分的敏感；那麼，他採取的任何信念態度，也談不上是完全理性的表現，**不論那個表現是判斷或者是擱置**。

當他真的符合所有那些條件，那也是非常偶然而特殊的。如果他對是否符合那些條件不是充分的敏感，那麼他合適地選擇了肯定而不是

---

[3]　譯注：這目的應指毫無驚險地升降飛機。

擱置，也只是因為幸運。**很容易地**，他會在無法符合那些條件的情況選擇肯定。

二、目的規範性（Telic Normativity）

我們已經知道，證據主義不能完全解釋知態規範性（epistemic normativity）；那有沒有更好的選擇呢？讓我們考慮另一個框架：判斷與判斷型知識（judgmental knowledge）也是「執行地建構」（agentially constituted）的，故此判斷也就是行動。[4] 在這個框架內，「疏忽」和「罔顧」的問題就能得到合理的處理。

1.　當某人要處理「p是否為真」這條問題，他有什麼選項呢？如果排除「放棄問題」這個選項，那麼他要麼選擇**肯定**（不論正面或者負面），要麼選擇**擱置**。

即使某人只是在自己心中肯定某個判斷，他的目的也可以有很多種。我們需要考慮到執行者肯定的**目的**，這目的可以是各種各樣的。例如有人可能企圖欺騙他人，或者震驚他人，或者自我安慰，不一而足。

由於我們討論的焦點是知識論，因此把焦點縮窄至**真理式**肯定（alethic affirmation）上，那是致力達到正確無誤的肯定。下一步我們再

4　這解決方案及框架可以延伸到功能式而非判斷式的信念和知識，但那是留待另一個場合處理的課題。

把焦點縮窄至「**判斷**」之上，跟純粹的精想不同，下文我們會詳細討論這些分別。

「真理式肯定」純粹旨在追求真理，旨在正確地回應某條相關問題。問答遊戲的參賽者也旨在追求真理，因為這樣他們才會得到獎品。所以他們是致力達到正確性 (correctness) 的，但通常來說他們也會知道自己無法達至「適切性」(aptness)。即使只是猜想也好，他們仍然會去肯定，嘗試得到正確答案。**相對的**，腫瘤科醫生追求的是適切的診斷，而非靠運氣把事情做得正確。因此，我們必須把問答遊戲參賽者的「猜想」與腫瘤科醫生的「判斷」區分開來。參賽者旨在得到正確答案，即使以純粹的猜想來得到也沒有問題，而腫瘤科醫生則旨在以可靠的能力去把事情做得正確。

2.　表現規範性 (performance normativity) 跟行動以及其組成的目的 (constitutive aims) 有關。利用射箭為例子：

箭發：精準性 (accuracy)、熟練性 (adroitness)、適切性 (aptness)（成功、能力、適切）

跟真理式肯定比較，如同「猜想」的情況，某人旨在擊中真理的標記上；或者如同「判斷」的情況，他旨在**以其能力，適切地**擊中真理的標記。

一般來說，成功比失敗好，有能力比沒有能力好，適切的成功（以能力達成的）比不適切的成功好（以運氣而不是能力來達成的）。

3. 那牽涉某種的**目的**規範性（telic normativity），而不是任何實質的、絕對的價值理論。這評價是一種針對目的的評價。這種「目的」評估的意義，可以由以下這個例子帶出。

在執行者決定行動的某個關頭（agential juncture），執行者可以選擇（為了達到某個目的而）實行某個行動或者隱忍（不作為）。目的可以是謀殺，那個行動可能是一件毫無破綻的謀殺。不過評價那個行動是「毫無破綻」，其實是一種針對行動目的的評價，而不是跟實質價值系統有關的判斷。那個行為可能是十惡不赦的，但這不影響這個謀殺是「完美」的。

這種目的規範性，行為的目的是預先給予的，是不受評價、不容置疑的。

4. 這裡有個提案：知識理論的規範性是帶有目的性的（telic）（以某種特有的方式）。

擱置判斷如何符合這個方案呢？

5. 在我們的能動性框架內，我們可以做一個有用的區分。這個區分適用於**一般**的行動，而不只是知態行動。相應於某個既定目的 A，我們可以區分開以下兩件事：

廣義的隱忍（broad scope forbearance）

有意地忽略 ［ 為達到 A 目的而作出 X 行為 ］

狹義的隱忍（narrow scope forbearance）

為達到 A 目的而 ［ 有意地忽略 X 行為 ］

狹義的隱忍蘊涵廣義的隱忍 (或者加上小量的輔助前提)，但是倒過來的說法就是錯的。當事人可能有意地忽略他的行為所要達到的目的，可能他是有意地無視那個目的，甚至到了否定這個目的的地步。那麼，這就是廣義的隱忍而不包括狹義的隱忍。狹義的隱忍相對於某個既定的目的，要求當事人努力地達到那個目的。

當事人可能有意地忽略作出以下這件事：肯定 <p?> 若且僅若他有足夠能力，甚至是適切地作出肯定 (在此「肯定」是指「正面或負面地肯定」)。他有意地無視「p是否為真」這條問題，他**完全**拒絕進入這條問題。那麼他就是在廣義地**擱置而非**狹義地擱置。要狹義地擱置 <p?> 這條問題，當事人需要進入那條問題並去 (廣義來說) **探究**，例如：他擁有某種智性上的追求，他努力對那條問題作出肯定，若且僅若他有足夠能力 (甚至是適切地) 作出肯定。

以上這種想法，對我們之後評價懷疑論甚至是皮浪懷疑論十分重要。請大家記住這種想法。

三、擱置判斷與知態規範性

1.　知態上的擱置判斷，如何合乎我們把知態規範性視為目的規範性 (telic normativity) 的框架呢？畢竟擱置判斷似乎是**不屬於**「行動」的典型例子。這確是個問題，但它是可解答的。

2.　戴安娜的箭發，對比起奧運弓箭手的箭發，多多少少也算是精

挑細選射出的。當戴安娜考慮箭矢的目標時，她的箭術及狩獵表現背後，有一個合適而更宏大的目的。以下就是我提出的目的內容：

> 對目的作出行動，若且僅若那是足夠地可能成功的，而且是有能地（competently）及適切地（aptly）成功（否則隱忍）。

所以戴安娜的隱忍，本身即為有目的之行動。她忍住不去射擊那個目標，本身的目的是為了對目標作出行動，若且僅若那是適切的（apt）（足夠地可靠的成功，並且是適切地成功）。執行者可以在他的表現中採取這個目的，有兩種情況會令他達不到這個目的。

(一)　當他**不會**得到足夠可靠地成功（以及適切地成功），他（對目標）**作出**行動。

(二)　當他**會**得到足夠可靠地成功（以及適切地成功），他（對目標）**沒有作出**行動。

任何一種情況也會降低當事人相關的第一序知態能力的質素，要麼損害他能力的可靠性（reliability），要麼損害他能力的廣博性（breadth）。（假定其他情況不變，沒那麼可靠的能力自然是更差的能力。至於更低廣博性的意思，指例如某個弓手只射距離自己一尺之遙的目的，雖然那是可靠得不會失敗，但那是毫不起眼的能力。）

3.　因此，某個表現的更宏大而重要的目的，就是作出行動若且僅若那是足夠地可能適切地成功。不離開某個相關表現的領域（domain），

我們也就不能避免追求那個更宏大的目的。是否參與某個領域,一般來說不是該領域**以內**的問題。

　　某領域以內的評估,已經把追求對該領域為恰當的目的,視為理所當然。一個筋疲力竭的網球選手,當然**可以**恰當地考慮是否棄權,但這個決定並不是該運動本身能夠衡量的。當你感覺到自己快要心臟病發因而決定棄權,這個決定是不能由網球領域內的運動準則來衡量。是否繼續參與那個領域,並不是跟網球有關的決定,而是性命攸關的決定。

　　4.　在前文提及過的「完美」謀殺中,其相關的(目的)規範性是與目的相應的。我們不評論這個目的的價值以及應然的取態。這可與「隱忍」作相關的比較:隱忍其實並不止於純粹的不作為。相關的隱忍是狹義的,而且與相應的正面作為有著**共通**的目的。那個目的就是若且僅若某行動會足夠可靠地、甚至是適切地成功,才作出相關的行動。

　　5.　擱置判斷因此歸屬於擁有3A結構[5]的目的規範性。與知識論最為相關的是狹義的擱置判斷,不管如何,擱置本身也是一種行動,跟(主動的)判斷有著共通的特殊知態目的。這共同的目的如下所述:

真理式肯定(affirming alethically)若且僅若那是足夠地可能,並且適切地成功(否則擱置判斷)。

---

[5]　譯注:3A指的是精準性(accuracy)、熟練性(adroitness)、適切性(aptness)三個特性。

6. 這能為信念證成性 (doxastic justification) 的理論提供藍圖，而這理論能夠加強證據主義。信念上證成的判斷是有能的 (competent) 判斷，有能的真理式肯定 (alethic affirmation) 旨在達到真理**及**適切性 (aptness)。有能的判斷要求實行出一種足夠好的能力。所以，這種能力必須由可靠性及廣博性 (breadth) 充足地結合出來，它必須讓知態執行者擁有足夠的可靠性以及廣博性去達到相關的知態目的。而那知態目的同樣地如下所述：

> 真理地肯定若且僅若那是足夠地可能，並且適切地成功 (否則擱置判斷)。

要注意：有時候一個足夠好的能力可帶來判斷，但有時候也會帶來擱置，這兩個行動也是可信的知態成就。

7. 這個方法有其歷史淵源，我認為這符合笛卡兒的說法，因此他的知識論實為亞里士多德德性倫理學的特殊個案。

四、懷疑論再議

1. 我們在上文一直在思考「判斷」這回事；實際上我們已經把它放在行動的範疇裡，並統攝於執行者之目的規範性 (agential telic normativity) 之下。

那使我們很合理地自然把**判斷**視為一種特殊類型的肯定：旨在 (有能地及適切地) 得到真理的肯定；另外，關於有什麼使行動成為達到某

個既定執行目的之手段，上文的做法讓我們能合理思考其中的理性化關係。

因此，一個人有理由去服用阿士匹靈去消除頭痛，如果這樣做有足夠可能消除頭痛。

同樣，如果某人作出肯定，是旨在肯定真理，那麼他愈有更好的理由去肯定，他就愈有可能肯定到真理（關於「p是否為真」的問題）。他仍然能夠有一個**客觀、具事實性**（factive）的理由，即使他無法恰當地領會這個理由。

2. 上文曾經提到一個比較：問答遊戲參賽者的肯定與腫瘤科醫生的肯定。前者只是旨在答到正確答案，不管那只是純屬運氣；後者想要的是**適切**（apt）的診斷，不只是幸運地猜中的真理。大部分時候，並且很重要地，我們對某件事的肯定旨在達到適切性（aptness），而不只是真理而已。鑑於我們有可能犯錯，我們應該因此跟隨**傾向**導致成功的方案。「傾向」？那是什麼意思？我們想要的是能製造出成功而非失敗的方案，能夠在我們的知態活動中得到充分地高比例的成功。換句話說，我們想要的是知態能力。

3. 我們能夠因而對皮浪懷疑論（Pyrrhonian skepticism）產生新的認識。為什麼我們應該賦予皮浪主義者的立場任何形式的默認地位？為什麼我們應該要求獨斷論者（dogmatist）作出任何特殊的努力去挑戰那個默認地位，同時又容許懷疑論者維持他的觀點，直至獨斷論者設法取代他？為什麼論證、推論的責任要落在獨斷論者身上？我們已經看到擱

置判斷為何是某種正面的心理態度,可以是片段式的 (episodic),或者是傾向式的 (dispositional),或者兩者皆是。我們也看到為何擱置的規範取決於執行者對知態風險的合適評估。執行者對有關問題的擱置有其目的,即是說他的擱置並無**默認的**恰當性。這恰當性視乎相關的風險評估是多麼有能的 (competent)。我看不到有好的理由去認為「認定風險過高」比起「認定風險恰當」更應優先地得到默認地位。

如果我們給皮浪懷疑論者默認的地位,使得獨斷論者必須打倒前者的立場,那麼區分狹義及廣義的隱忍可能有助於解釋我們為何會被誤導。廣義的隱忍很容易被看作擁有默認的地位,而被視為知態地無法反對的立場,並不需要為了辯護它而提出論證。當然我們通常也有迫切的**實際**理由讓我們必須應付某些問題以及嘗試正確回答它們,這是顯然而見的。但這裡牽涉的實際壓力並沒有知態上的意涵。廣義的隱忍不是知識論領域**以內**的立場,並不受知態評價所規範。

知態評價始於詢問者 (也許是假設的詢問者) 接受某條問題之時。所以,我們排除任何可能導致詢問者接受問題的實際理由。他甚至不需要有任何實際、或者其他種類的理由,仍然可以有完全的知態恰當性 (epistemic appropriateness) 去繼續知態活動。

因此,在知識理論中,真正旨趣 (real interest) 的隱忍及擱置是狹義的。現時我們難以看到懷疑論者對某條既定問題的態度擁有任何默認的地位。懷疑論者跟獨斷論者有一個共通的目標:對問題作出肯定 (正面及反面地) 若且僅若這個肯定不會產生過多的風險。懷疑論者跟獨斷論者對那條問題採取兩種互不兼容的態度。懷疑論者選擇狹義地隱忍,而獨斷論者選擇狹義地肯定。但是,我們難以看見有什麼理由在**這種**異議當中賦與懷疑論者任何默認的優勢。

4. 一般來説，任何擱置也會受到與目的有關的(知態)評價，因此我們需要探問：究竟擱置是否達到其目的，它是多麼有能地、適切地達到目的呢？達到目的之時，是否體現出主體的相關知態能力呢？這思路可以應用到懷疑論者及他們的特殊目的，這也同等地適用於任何其他執行者身上，不論他們追求的目的為何。總而言之，懷疑論者與獨斷論者冒的風險是相同的。

(歐陽迪生 譯)

四

從廣闊的視野看分歧

一、關於「分歧」的知識論

當有人在某個你已經有答案的問題上與你出現分歧，那會如何影響到你的答案呢？這取決於你有多認識對方：他有多可信呢？他有多了解情況呢？他在該問題上算是你的「知態同儕」(epistemic peer) 嗎？

大衛‧克里斯坦森 (David Christensen, 2009) 指：

當前對這個問題的回應，可以大致排列出一道光譜。在光譜一端的意見認為，與他人的意見分歧通常會令人們降低對自己信念的信心——至少當其他人似乎跟我們同樣聰明、知情、誠實、沒有偏見的時候，我們便會如此。我將跟隨艾爾加 (Elga, 2010)，把光譜上這一端的立場稱為「調和」(conciliatory)。在光譜另一端的意見則認為，我們在面對那些持有不同信念的他人，即使他人跟我們在上述的各種資質上似乎能力相若，我們仍然會對自己的信念保持信心。讓我們稱光譜上這一

端的意見為「堅定」(steadfast)。[1]

調和論者會通常會基於以下這原則去反對「堅定性」(steadfastness)。

推理的獨立性

當評估他人對P的信念的知態可信度時，人們應該以一種獨立於對P的信念的推理方式進行，以確定如何(如有需要)修改自己對P的信念。[2][3]

---

[1] 於下文，這種「調和論」將涵蓋那些會作出以下兩類建議的觀點：(一)當我們面對公開的分歧時，要對自己的可信性作出實質修改；以及(二)放棄自身的信念並採取擱置(判斷)。我在下文將重點說明調和論如何運用「推論的獨立性」原則

　　在詮釋上，有一點需要強調：很重要的是，克里斯坦森的公式上的「看似跟我們旗鼓相當」，**不需**詮釋為我們需要正面的證據去證明對方跟我們旗鼓相當。「推論的獨立性」這原則會指出，當我們僅僅沒有充分理由去認為對方比我們差(或至少是缺乏獨立於我方立場的充分理由)，對方就已經可以是「看似跟我們旗鼓相當」。

　　考慮這個條件：「至少當那些人看起來 [跟我們同樣有資格]」。每當我們**缺乏**充分理由去認為對方比較差，他們是否必然看起來是這樣呢？抑或我們需要**擁有**充分的**正面**理由去認為對方跟我們旗鼓相當呢？後一種理解，使得這個原則更加合理，不過這兩種理解都會在下文審視。我希望下文的脈絡能夠清楚地說明哪個理解才是相關的。

　　人們**通常**可以在某個領域成為知態同儕，另外亦可以在該領域的某個**特定**問題上無法成為同儕。在下文的大多數情況下，我們關注的是某個特定問題的分歧，以及對手是否是這個問題上的同儕，或者能否證成為同儕，或者是否至少不能夠證成**無法**成為同儕(獨立於我們對當前有爭議的問題的答案)。

[2] 這是克里斯坦森在他刊登於 *Philosophy Compass* 上關於分歧的論文上提出的原則，他亦指出類似的原則明確地出現於克里斯坦森(Christensen, 2007)、艾爾加(Elga, 2007)以及科布烈斯(Kornblithz, 2010)的論文，法蘭西斯的文章(Frances, 2010)也隱含類似內容。

[3] 對他人可信度的評估，能否獨立於我們得出信念P的推論，而另一方面仍

那些反對這個說法的人，包括我自己在內，大概在這方面算作「堅定」的。

「推理的獨立性」這個說法，強得並不合理。假設你有關於 <p> 的有力證據並繼而相信 <p>，但後來得到反證（counterevidence）。誠然，你不應該僅僅因為你的信念而得出「反證就是誤導」的結論。相反地，你必須考慮你的全部證據，包括新的反證，並在此基礎上決定相信什麼。然而，在這一點上，保留你的信念也許**仍然**是最合理的。經擴大的全部證據也許可以清楚顯示，在哪種情況下你應該得出結論，反證終歸**是**誤導的。

作為以上的特例，遇到分歧也就是獲得反證。要意識到有分歧，我們必須考慮對方相反的信念。將分歧列入考慮、令證據得以擴大之後，我們必須基於新的全部證據放棄自己的信念嗎？我不認為有什麼可證明有此必要。是的，在新情況下的總體結論，必須部分建基於已發

然依賴於該信念自身呢？若果是真的話，這個原則就是過弱。我們即可以置推論於一旁而依賴自己信念的真假去評估對方的信念，但這與依賴自己信念的真假以及其**伴隨**的推論一樣，同樣有「乞求論點」的問題。因此，以下似乎至少是合理的：

信念的獨立性
當評估他人對 P 的信念的知態可信度時，人們應該以一種獨立於自己對 P 的信念的方式進行，以確定如何（如有需要）修改自己對 P 的信念。

這也就是說，我們不應該推論，因為 P 是真的（正如我們相信的）而對方相信非 P，故此對方在形成他的信念的過程有錯誤。這錯誤不代表對方欠缺能力（incompetence），因為一個有能的（competent）的信念仍然可以是假的。如果我們能夠以我們的信念為真作前提，那麼他們的信念無論如何都是明顯地**假**的。

信念的獨立性並不允許這種推論方式，因為它們只以我們的信念為真作前提，去評估相反信念的知態可信度。

現的反對意見，但**也要**建基於原有的證據。根據**所有**的證據，你的信念可能會受到影響，但只是輕微的。你也可能會因而宣布你的對手的信念是假的，並同時將它歸因於一些非典型的失誤。

對此，調和論者會這樣反駁：假設將對手降格（downgrade），比起我們實質地降低對自己的信心，在知態上**似乎**更可取。這樣的話，我們只有在擁有**獨立於**雙方具體分歧以及**獨立於**支持我方的具體推論的資訊時，我們才能維持我們的信念。最重要的是，如果我們要將我們的對手降格，我們必須**不能僅僅以「我們自己的立場為真」**作前提。這就是推理的獨立性原則的要求。我們必須找到一個獨立於我們的實質信念或其根據的理論基礎，藉以支持我們更可能是正確的想法。我們能接受如此強的要求嗎？

試想想：即使有一些已知的分歧，我們能夠有多證成地以基本有效推論方式去推論某些極為明顯的事情。我們只可以藉著闡述推論的具體細節去充分解釋我們得到證成的程度；做不到的話，就會引發我們假定有一假想敵，這個假想敵在決定性的能力水平上，與我們是旗鼓相當的。

假設我們聚焦到一個愈發確定的觀點，留意我們（知態）能力的運用，那麼現在我們真的有一個可靠性不亞於我們的對手的說法，似乎越來越顯得不合理。

然而，一旦達到了這種確定性的水平，完全標明的能力運用就似乎能夠反映出，我們已進入二階層次推論的細節。因此，「推理的獨立性」是否該得到尊重，便不是那麼明確了。

至目前為止，我們假定了一種證據主義的框架，我們的信念是（信念上，doxastically）證成的——若且僅若當它們完全基於我們的全部相關

證據的話。接下來，我們會將「分歧」這個問題置在更廣闊的、以信念證成理論為其特徵的知識論觀點作進一步檢視。

二、超越證據主義至能力知識論

在眾多關於分歧的文獻中都有一個證據主義的假設，就是在某一時間對某個信念的知態地位 (epistemic standing) 取決於**當時**信念持有者所擁有的全部證據，以及那個信念是如何良好地建基於這一組證據之上。思考這個定義：

知態同儕性 (Epistemic Peerage)

於某一時間，兩個主體[4] 在某個問題的領域上屬於證據上的知態同儕 (evidential epistemic peers)，若且僅若**在共享證據的基礎上**，雙方在正確回答該領域的問題時都不會比對方的能力差。

讓我們聚焦於這個假設：信念持有者在他**相信某一信念的時候**可以得到的**證據**，這是關鍵。但這個假設似乎有以下的問題。

知識理論著重於一種能夠構成知識的證成，那就是**知態證成** (*epistemic* justification)。我們將信念可能從推進實際目標而獲得的實際證成放到一旁。傳統上，我們承認這種知態證成可從多種來源獲得，例如是感知，以及反思、證言、推理、直覺等等。這些來源如何提供知識？他們首先提供的是表象 (seemings)，或是表示贊同的驅力 (attractions to assent)。表象可能與其他表象產生衝突，正如感知上或智

4　原文是「subject」，指進行知態活動的主體，本文一律譯為「主體」。

性上的錯覺，例如繆勒萊耶錯覺（Müller-Lyer illusion）和堆垛悖論（sorites paradox）。這種衝突需要我們中心的知態能力從外圍模塊（peripheral modules）取回控制。**原初**表象（*initial* seemings）直接從來源得來而不涉及思考。**成果**表象（*Resultant* seemings）就是我們的決議式中心能力（deliberative central competence）經過思考解決衝突後而產生的結果。

這種智性表象包括感知式**智性**表象（perceptual *intellectual* seemings）（相對於感知**經驗**表象，perceptual *experiential* seemings）。從基本的來源提供的智性表象似乎不能**完全**從**其他**單獨的、或者多個來源的綜合運作而獲得。因此，感官經驗值得從其相應的表象獲得表面價值。對於呈現自身的經驗（self-presenting experiences）——比如疼痛或痕癢——也是如此，我們可以從相應的內省表象來了解它們的存在。

以上勾畫了一個知態源頭（epistemic sources）的非還原觀點，其背後的知識論不一定是可靠主義的（reliabilist）。為了現在的目的，我們只消認識到這些來源的地位，並同時承認它們在恰當的認知動態（cognitive dynamics）中所產生的作用，已經足夠。

在這個框架內，我們將更加具體地關注證言和記憶。這兩種至關重要的知態源頭，傳遞出原本以其他方式產生的證成（justification）。例如，從感知成功獲得的信念，能夠靠優秀的記憶保留下來。因此，即使我們忘記當初如何使證成得以成立，我們也可以保留證成本身。

演繹推理亦有類似的情況。即使你忘記了如何從前提開始、運用引理（lemma）來達至那個結論的確切過程，成功的演繹推理仍然可以證明你的結論。即使證明短而簡單，我們也有可能**無法**一眼就看通整個證明。

　　證言也是如此。在非還原的觀點，證言也可以藉著適當的運作傳遞證成。若我們沒有特別的理由去懷疑或者作出特殊處理，這裡我們可以再次表面地接受證言所傳遞的證成。當然，這證成只是初步的（*prima facie*，又或者是「達到某程度的」，*pro tanto*），並且可以被其他源頭、甚至是來自同一種源頭帶出的證成所凌駕。

　　關於信念如何以某些基本原理獲得、然後被保留在記憶中的討論，就到此為止。然而，在很多關於某些爭議的分歧的現實案例，從來也不需要這種基本原理。正如維根斯坦於《論確定性》（*On Certainty*）中強調的，摩爾的一般常識並不是從「推理」（ratiocination）而獲得的，而是從兒童的成長逐漸發展形成的。這不僅僅適用於摩爾式的核心信念，例如「**存在外部世界**」，或者「**世界存在其他人**」這類命題。它也適用於我們對周遭世界的信念當中比較不中心的部分，比如「**天空中有星**」，或是「**我已經多次看過它們**」。就在我們已經**多次**見過這些明星之後的某個時刻，我們就獲得了這個信念。但是，說這個結論是從我們不再思考、並且根據任何論證或任何有意識的推理而獲得的，是很令人懷疑的。任何這種推斷的原初材料遍佈在不同的時間點上。我們可以首先在時間t1看見星，然後再在t2看見星，諸如此類地在多種情況下看見星。但是，我們並不會說需要儲積到足夠看到星的記憶數量，才可以為「現在已經『多次』看見星」這個結論提供前提。更可信的說法是，這個信念是靜悄悄的進入整個信念系統。當它已經融入其中的時候，人們已經忘記了看到星的具體時間，以及個別感知經驗的具體細節。誠然，當這種信念進入我們信念庫，它會與整個信念系統相互聯繫在一起，比如「我們已經活了很多年」這個信念，以及「在很多夜晚都抬頭看

過星」。相關的還有「我們已經聽過他人提及星」這個信念，例如在童謠以及對話等等聽過。因此，我們已經多次看到星星的這個信念，從它最早在我們的信念庫中出現起開始，已經與該信念庫中許多其他的信念聯繫在一起。這似乎與維根斯坦的觀點一致：光線是逐漸**在整體上消失** (light gradually *dawns over the whole*)。[5] 某種觀點認為，這些普遍的信念可以從線性的歸納推理合理地獲得，而這些線性歸納推理是基於從反思現成的資料，或者是從感知周遭環境而獲得的資訊，上述的說法就跟這種觀點不一致。[6]

　　考慮到我們廣泛的世界觀，包括歷史、地理、樸素物理觀 (folk physics)、樸素心理觀 (folk psychology)，以及我們的語言群體的語言等等，維根斯坦的見解是很明顯的。在摩爾式的核心信念旁，有一個關於主體長期生活環境和生命軌跡的廣闊信念環 (ring of beliefs)。這個環包含的信念就像我們對星的信念一樣，它的地位不是從既有證據進行線性推理而得到的。

---

[5]　譯注：此處意指「看過了不少星星」這類全體的信念並非在一朝一夕從推理中獲得。

[6]　諾齊克 (Robert Nozick) 也廣義地同意。正如索爾・克里普克 (Saul Kripke) 指出：「……受到維根斯坦[的《論確定性》]的影響，諾齊克認為某些陳述的『中心性確保他們不會被忽略』(正如在諾齊克《哲學解釋》[*Philosophical Explanations*] 第185頁中所見)，不論我們使用任何特定方法，這些信念應該被視為是獨立於任何特定方法而被認定的。(引用的例子包括「我有兩隻手」和「這個世界已存在很多年了」。)」這特殊舉動給諾齊克的知識追蹤理論 (tracking theory of knowledge) 帶來了問題，克里普克在他關於諾齊克的章節 (第7章) 的第12 (a) 節中詳述了這些問題。克里普克的主張見於他的《哲學疑難》(*Philosophical Troubles*, Oxford University Press, 2011) 第3章的結尾腳注。

　　因為這種信念不是基於現在或者過去的推理，推理獨立性似乎與它們無關。無論如何，我們也能獨立於我們持有的任何推理，十分容易地駁回對這種信念的異議。**我們並沒有這樣的推理**，起碼不是我們實際進行過的任何一個推理。

　　那麼我們如何**能夠**應對那些不同意這種信念的人呢？雙方的討論會否以好像維根斯坦本人提出的那種「踩腳」（foot-stamping）[7] 或者轉教的形式進行呢？如果我們想公開地應對我們的對手，情況也許真的如此。但是我們要記住，我們不必然要跟他人辯論。我們其實只是在努力了解：儘管仍有分歧，合理保留此類信念所需要的條件為何。在面對分歧的情況下，我們也應能夠合理地保留這些信念，即使我們沒有獨立的理由降低對手的可信性。在**這種**有爭議的問題上，我們當然不會將對手視為[知態]同儕。如果有人足夠地反對一個人的常識圖像的核心或內環信念，我們甚至可能質疑他們是否失去理智，儘管我們顯然缺乏任何**獨立**的方式來支持那個評估。

　　這是我們關於摩爾式常識的核心的維根斯坦式結論。我們主要感興趣的是該結論的廣義應用範圍。以我們在充滿重要分歧的領域的信念為例，其中大部分似乎都難以簡便的找到理性證成。這也關乎到分歧如何影響這些信念。即使我們無法在公開辯論中反駁我們的對手，至少肯定可以保留當中的一部分。

　　假設我們與某人產生明顯的分歧，推理獨立性如何能夠為我方辯護呢？有時我們有理由相信，在我們的信念中表現出的特定能力，比起我

---

[7]　譯注：應指以非理性的對話方式打擊對方，使對方放棄立場。

們的對手所表現出的任何相關的能力更為可靠。例如，我們可以知道我們已經用計算機仔細複查了某條加數，而我們不能說我們的對手同樣地有這樣做。但是，如果我們接下來面對的假想對手，在類似的特定能力方面與我們匹敵呢？假設這位假想的對手現在是我們知道在剛才的問題上也使用了計算機的人。為了在**沒有「乞求論點」**的情況下維持我們的信念以抗衡這個新對手，我們現在必須退回到更特殊的觀點，並聲稱這種更特殊的能力給予我們優勢。也許我們會仔細記錄曾經按下的按鈕，以及我們得到的過渡性結論等等。但是批評者為了較勁，仍然可以假設這位與我們匹敵的對手具有類似特定觀點。

我們可以試著保持領先於批評者，但是在我們達到足夠的特異性（specificity）之前我們仍然難以超越對手。支持推理獨立性的調和論者現在要面對兩難選擇。假設我們擁有的信念背後的推理是演繹的或者是計算的，並且假設我們已達至這種觀點的特異性（specificity of perspective）到某個地步，以致我們不可能假設出一個與我們匹敵的、否定我們信念的對手。在這種情況下，我們的辯護將不再相關地**獨立於**我們在得到信念時所遵循的知態程序。頑強的批評者可能會因而迫使我們**要麼**（a）屈服，**或者**（b）依賴我們推理的所有細節。這是懷疑推理獨立性所施加的約束的一個理由。

這個難題並不要求有一個**真正存在**的對手聲稱以某種特定方式同樣地有能（competent），而這方式與我們援引的能力相符。批評者提出的這個相關的對手只須是假想的。事情不合理的地方在於：無論我們的信念是多麼有根有據，只要有一個對手公開反對我們，而這個對手又聲稱他與我們的特定能力匹敵的話，我們就要被逼放棄自己的信念。這

又進而迫使我們進一步說明我們獲得信念時行使了什麼能力，以維持我們的信念去對抗已改進的假想對手。但是在我們列出論證的全部細節之前，即使是演繹推理也不能提供完全安全的保護去抵擋頑強的批評者；到了我們列出論證的全部細節之時，我們的辯護已經不再獨立於我們自己的完整推理。

關於當我們以演繹推理獲得信念時，我們要如何在出現分歧時為己方辯護的討論就到此為止。那麼，那些沒有任何推理牽涉在內，有如摩爾式常識的核心部分出現分歧的時候，又該如何處理呢？正如維根斯坦所觀察，這些都不是經過推理（ratiocination）以及任何線性推理而獲得的。那麼圍繞著這個核心的內環中的信念，包括那些不經推理的情況下獲得及維持的信念呢？面對那些質疑這些信念的堅定懷疑論者，我們如何維持這些信念呢？我們如何在沒有不當地乞求問題的情況下從摩爾的一方反駁他們？由於這裡沒有任何推理，我們現在不能退後一步在我們推理中展現出來的能力中得出更有用的觀點。在這些情況下，我們的信念背後沒有任何推理，沒有推理支持我們獲得這樣的觀點。我們沒有如此的辯護去抵抗對手。我們現在是否只能「踩腳」（foot stamping），或者使我們的對手「轉教」，而不能以理性反駁或者說服他？這顯然是維根斯坦對此事的看法。

許多人都持有這種觀點，並指責摩爾惡意地以循環論證、或乞求問題的方式去反對他持懷疑態度的對手。我們稍後會再討論這個指責；下一部分，讓我們先探討「信念」——那些建基於推理的信念，那些最初由推理獲得、現在以良好的保持式記憶（retentive memory）保存下來的信念。

三、「動物式證成」(Animal Justification)
對「反思式證成」(Reflective Justification)：
共時論(Synchronism)的重要性

關於摩爾和維根斯坦強調的與一般常識攸關的、被認定為並非以線性的有意識推理獲得的命題，現在暫且放下。一般而言，如果說我們對有爭議問題的一般信念必須是特定推理的結論，或甚至從我們排演過的論證而獲得，這個說法似乎不可信。我們現在不再停留在這類問題，而將專注討論那些建基於有意識推理的信念，而這些信念是由前提通過引理(lemmas)有意識地得出的結論，當中包括兩種信念：一種是現在作為從推理得出的結論的信念，另一種是最初由推理而獲得、接著被存儲在記憶中的信念。

當然，很多信念都是明顯地建基於以既有證據進行的有意識推理，並以保持式記憶儲存下來。假設起初以內省或感知而得到的既有證據，其獲得的過程完全是有能的(competent)和適切的(apt)。也假設最後得出的信念是有能的，並且適切地得到儲存。這與「信念持有者忘記了他最初如何獲得這種信念」這情況是相容的。他後來可能只能說「我就是記得」。那麼後者這種信念的知態地位(epistemic standing)是什麼呢？我們現在要面對難題了。

我們專注於信念的生命後期。現在沒有人可以詳細說明這種信念是如何首次獲得、如何繼續得到保留。關於這個具體的主題，現有的證據亦是極其短缺。如果信念現在必須依賴於已有的證據，那麼它可能就不再被認為是在知態上得到證成。信念持有者現在有多大的能力

去維持他的信念呢？信念目前的知態地位，將部分取決於主體對這類信念的記憶有多好。不幸的是，對信念的這種二階評估所涉及的能力，可能比產生信念本身的一階能力具有更低的知態質素（epistemic quality）。這種第一階能力通常結合了出色的初始獲得（initial acquisition）與出色的後期記憶，亦即是結合出色的感知能力與出色的記憶力。

隨著時間的推移，信念持有者接著會做什麼呢？他的信心是否應隨著他認可其一階信念的資格不斷弱化而相應減少？試想像「認可所需要的資訊會穩定地衰減」這個情況：與這種二階弱化可以兼容的是，信念持有者強勁的記憶力仍然可靠，以確保儲存的信念很可能是真的——假設這些信念是由出色的感知能力得出，並由出色的強勁記憶力牢牢儲存。因此，這種信念可能構成最高質素的一階動物知識（animal knowledge）。在許多情況下，只有反思式的二階觀點會隨著時間的推移而衰減。

以下是一個例子。假設你是個孩子，在某天中午遭受虐待。你非常清楚，那是當天的中午。你將這個信念儲存了好幾個月甚至好幾年。也許你是靠出色的記憶力把那件事記下來。一般來說，人們是不會記得那麼清楚的。也許你平常的記憶力亦不是很好，但就這件事而言卻不然。那件事在你的心中太突出了，你對它的記憶亦非常鮮明。在你持續的信念中表現出來的這個「感知加記憶」（perception-plus-memory）擁有最高的質素，在這種情況下的感知和記憶是**極度**可靠的。與此相容的是，你的二階能力是可以衰減的。只是基於常理的話，你可能會懷疑你對此事的記憶，是否真的那麼好（雖然事實上你的記憶力確實很好）。你甚至可以了解到積累的證據表明，這種虐待的記憶遠不如常理

所以為的那麼可靠。一般而言，人類並不像人們想像的那樣能夠可靠地回憶，即使在這些重要的事情上也是如此，也許尤其是在**這樣**的事情上。然而，根據假設，**你**的記憶在這種情況**是**極度可靠的。

　　這是我想強調的現象的一個例子。但我們不必假設這個例子的主角擁有異常的能力。另一種例子只牽涉正常的人類感知和記憶。這些結合起來亦可以導引出正確的當前信念。然而，信念持有者現在可能無法詳細說明，他是如何以自己出色的能力獲得和保留他的信念的。他知道泰倫斯・馬利克 (Terrence Malick) 執導電影《天堂之日》(*Days of Heaven*)，但無法詳細說明他是如何獲取那項資訊的 —— 不論是透過報紙、電視、口耳相傳還是透過看片尾字幕而知道。人們很少會記得與信念相關的某個獨特感知事件。另一個例子是，我知道我的高中代數老師是漢森太太，但當然我無法詳細說明我是如何獲得那項資訊的。

　　因此，在歷時性 (diachronic) 和共時性 (synchronic) 之間可能會發生衝突。這兩者之中，其中一個可以是極好而另一個則極差。

　　我們面對的難題，**不僅僅**源於外在可靠論 (externalist reliabilism) 與內部證據論 (internalist evidentialism) 之間的衝突。至關重要的，其實是源於由信念所擁有的、兩種能夠區分開來的知態狀態之間的衝突：

第一種狀態，是當前的信念以主體的思考及記憶**歷時地** (diachronically) 獲的的，不論思考和記憶會隨著時間過去而「內在」(internal) 到什麼程度，也不論主體的初始資料「內在」到什麼程度。

第二種狀態，是信念在某個既定的時刻**共時地** (synchronically)，是透過在那時候出現在思考者意識的理由的支持所獲得的。

這個問題因此超越了兩個重要的區別：一個是外部主義和內部主義之間的區別，另一個是證據主義和可靠主義之間的區別。

現在必須面對另一個問題。假設我們在動物質素和反省質素之間存在某種差異。這種差異可分為以下兩者：

第一，信念從保留記憶的一階能力中歷時地（diachronically）產生的高級狀態。

第二，同一個信念在某時點共時地（synchronically）能夠擁有的較低級狀態，這是由於信念持有者相關的二階能力的知態質素下降。這要麼是因為這種能力更為不可靠，要麼是因為它在任何情況下都提供較少的知態證成（epistemic justification）。

你孩提時曾受虐待，你長大成人後也許會懷疑自己的記憶能力（儘管你的記憶是完美無瑕）。算術計算也有類似的情況，你可能會懷疑自己是否擁有完美地計算複雜加數的能力（儘管你的計算結果毫無錯誤）。

假設你用來認可某個一階信念的反思能力大大降低。你從**第二階的認可**有賴於其運用二階能力的知態質素。那麼，你對**第一階的判斷**又怎樣呢？以下是關於第一階的問題：在你獨自思考時，你應當肯定什麼，你又應當向其他人宣稱什麼？這是有意識推理所需的判斷，當中包括實踐或理論的，以及為了當一個人發自內心地說話時適當地傳遞信息的。你的一階判斷，是否應該以你關於保留記憶的一階動物能力的質素來評估？抑或應該以你的二階能力的共時運用（synchronic exercise）來進行評估？用以評估一階判斷的這兩種方式可能會有很大不同，因為這兩種能力在質素上可能有很大差異。

此外，不僅僅是一階判斷的**評估**要視乎我們有沒有運用到一階的動物能力，或者是二階反省能力。還有這個問題：**對你自己的共時判斷來說應該優先採用哪種角度呢**？你是否應該相信自己優秀的一階能力，抑或是一旦當你的信念受到懷疑，就立即考慮以二階能力來取代一階能力呢？你是否現在應該決定，根據**目前**能用作有意識考慮的**所有**理由，你應該否決一階能力嗎？

假設我們優先考慮目前可用的理由，這實際上認可了某種反省式知識的重要性，當中涉及二階判斷（或作如此判斷的傾向）。這種判斷本身，為了其自身的立場，取決於它呈現出來的能力的質素。反省式知識因此將扮演特別重要的角色。它將讓你進行有意識的推理，包括實踐及理論的，並且維持你在群體中的位置：負責傳遞那些可以通過證詞來傳遞的信息。這種反省式知識是由判斷行為（或判斷的傾向）構成的。實際上它由兩個這樣的行為構成：一個為二階的，另一個為一階的。這些是出現在我們有意識推理中的判斷，也出現在我們告知他人時自己真心確定的言論。

我們一直在考慮這個問題：**什麼因素決定一個人在某個時刻的判斷及其質素呢**？即使原初的輸入（經驗）經已消隱不見，它是不是一種**歷時的**（diachronic）能力呢？抑或是**共時地**可用和有效的理由呢？如果我們選擇當前的時間切片（present-time-slice），則會提升二階的觀點，理由很簡單：因為存儲信念的共時理由，很多時候就是主要在該視角之中出現。

實際上，假設所涉及的，不僅僅關乎信心在高於某個標準以後可以去到什麼程度。假設構成信念的是一種**肯定的**傾向，不論是對內的自

我（oneself *in foro interno*）的肯定，還是對其他人作真心確定的言論的肯定。若是如此，那麼相關的共時理由將完全或主要出現在二階的角度內。你能有意識地斷定的，取決於你共時的理性狀況，而你目前對你存儲的信念的認可，合理地建基於你能夠談論的事情，當中的內容代表著你的信念存儲的質素以及信念原初獲得的質素。

讓我們現在回到傳遞式記憶與證言，以及其在我們個人和社會的認知機制中扮演的角色，特別是它們受非還原方式理解時所扮演的重要角色。如此理解，記憶和證詞會被默認提供**表面的**（*prima facie, pro tanto*）證成。當這模組式的來源一如往常地發生衝突時，我們的中心認知能力必須以有意識地或潛意識地出現的態度去解決衝突。衝突可能會因記憶、證詞或者感知等方式的支持而獲得解決。沒有一般的量化的或是質化的規則，能夠自動解決所有此類衝突。亞里士多德式的判斷是必要的，即使它仍然是殊別的（particularistic），而且難以編碼化（codification）。

我們現在可以為分歧這個問題推演出一個涵義。如果一個陌生人的證詞能夠有某些默認力量用於證明某件事，無論那是多麼微不足道，那麼當證詞與人們正好已相信的事情發生衝突時，這種積極的力量仍然存在。很多時候，人們已經相信的事情亦非建基於當前的推理，而這些推理也不是唾手可得的，甚至已無法有意識地運用。當一個人的信念內容涉及一些複雜且有爭議的問題時，這似乎是更為合理。我們恰當保留這種有爭議的信念的能力，可能主要來自於證成信念的默認能力，而這種能力是用作證成持續的信念的。因此，在許多爭議性議題上實際出現的分歧例子當中，會產生一種——至少在最初階段，在分

歧首次出現的時候——默認力量的衝突：一方面是證詞，另一方面是保持式記憶。這種衝突，並無一般規則或方法——當然也沒有算法(algorithm)——可以解決。負責思考(實際上或理論上)或下意識地管理衝突的明智法官是無可替代的。背景知識和證成的信念，對整體上打破平衡，是至關重要的。即使這些知識不再涵蓋信念持有者如何獲取或保留其信念的細節，也不包括對手證詞詳細的原因，這些知識所涵蓋者，當足以得出解決方案，或者起碼足以影響判斷的平衡。

於時間t的證成判斷，通常會以你的二階能力去評估你形成和維持信念的一階能力。你的原初的信念基礎隨時間而消退，迫使你越來越依賴你的知態自信(epistemic self-trust)。假設你懷疑某個一階信念，不論那是從公開的分歧，還是從對你相關能力的質疑而產生。在回應這些懷疑時，你需要為自己的能力辯護。你現在必須從那二階角度來為你的一階信念辯護，也許它或多或少會因此變得更為合理。

無可否認，人們在知態上認可(或不認可)一階信念上處理得有多合適，是由反思時有意識地獲得的理由來決定的。不顧反對某一信念的整體現有證據而堅持保留和支持某一信念，這似乎是頑固得無可救藥，**即使那個一階信念是由極為可靠的歷時能力而展現出來的。**[8]

這種由歷時能力適切地產生的信念，仍可以有所不足。如果它**無法以現有理由的平衡共時地支持**，那它仍然是有不足的。這種失敗必

---

[8] 為了與我們的平和的情緒保持一致，我們可以為「證成可靠」(justification-reliable)的能力以及「真理可靠」(truth-reliable)的能力騰出空間。因此，我們的論證可以與歷時內部的證據主義者(diachronic internal evidentialist)以及歷時外部主義可靠論者(diachronic externalist reliabilist)相關。

須端看主體如何在第一階的層次繼續思考。他不能盲目地依賴自己存儲的信念和維持信念的歷時能力作出恰當的**判斷**。由於主體是有意識地考慮自己的選擇，他現在必須傾向擱置肯定。他甚至可能需要作出與他歷時持有信念相反的共時判斷。只有理性有能的共時認可才能將一個人的信念提升到更高層次的**反省式**知識（*reflective* knowledge）。若某個信念屬於反省式知識，一旦受檢視時它就有資格作為有意識推理的恰當基礎，不論有意識推理是實踐的還是理論的。而最後只有這樣的知識才能維持恰當的斷定，使主體能夠履行其作為信息提供者的社群角色。

四、共時論（Synchronism）與調和論（Conciliationism）

知態共時論通常會為考慮問題時的現成證據給予優先性。[9] 假設一個人對這問題的回答有很高的歷時地位。正如我們所看到的，符合該答案的判斷未必就是合理的。因此，我們不能全憑自己信念的歷時性地位，就理性地將一個與我們意見相左的對手降格。我們必須通過權衡**現有**的證據，在當前有意識的思量中作出判斷，這些證據不必然包括最初獲得或維持這種信念的所有證據。

想想那些在哲學、政治、宗教或道德範圍中長久出現爭議的議題。人們一般會透過長時間的閱讀、反思和辯證思考去形成一個關於某個議題的觀點，影響一個人當前立場的因素很複雜。這些因素隨時間的推

---

[9]　但我們很快看到為何「**通常**」並不代表是「**恆常**」的。

移以一種難以陳構的方式發生作用。各種討論、閱讀以及不同時期的反思也可能對一個人的信念及其信心程度產生了適當影響。推理，甚至是明確的推理（explicit reasoning），也可能會有其零星的影響，而這種推理所產生出的態度可能會被存儲在記憶中。儘管產生信念的完整原因現在已經無法記起，但這信念的地位亦會依賴於其原因的知態質素。即使這個原因不須追溯到久遠的過去，例如在相對較短的演繹論證的情況，結論信念的地位當然要取決於實際推理過程的知態質素，首先這推理就不能有謬誤。

這種共時論（synchronism）為調和論（conciliationism）提供了某種優勢。在某個特定時刻面對問題的人必須選擇肯定、否定，還是擱置判斷。如果他是理性的話，他的決定必須建基於他在那個時刻可獲得的證據（如果有的話）。誠然，我們還有其他因素需要考慮，例如，現有信念會施予壓力去支持我們繼續相信。即使純粹的理解也可以產生影響，這是因為在簡單的先驗問題上，如果主體有足夠可靠的能力進行判斷，理解本身（understanding）就足以得出理性判斷。我想到的是邏輯、算術及幾何學當中的最簡單的真理，它們是從直觀的、基於理解的理性來獲得的。這些特殊情況我們姑且按下不表，因為它們不太可能引發分歧。說到現有信念對持續信念施加的壓力，一旦那個信念受到質疑，這肯定會涉及主體對該信念的二階立場以及獲得該信念的能力本身。我們有意識地考量某個信念，信念持有者當前能應用的理由就能蓋過「擅自佔地者」的權利。

以公共政策或現實生活中任何有爭議的問題為例，這些都不是簡單邏輯、算術或幾何的問題。任何有爭議的問題，都跟社會上出現廣泛

分歧這個一般認知有關。關於任何這類問題，我們當然會意識到其他採取反對意見的人與我們產生的分歧，這是我們證據的一部分。假定共時論是正確的，若要抵消這些證據，我們必須提出當時能夠作出抗衡的反對證據。無論我們的信念是多麼歷時地可靠，我們也很少能夠簡單地說出這件事，並期望它的歷時質素（diachronic quality）足以回應分歧，即使那質素是多麼的優秀。根據共時論，如果我們要恰當地與對手抗衡，我們必須依賴於那個時刻共時可用（synchronically available）的證據。

共時論為調和論提供的優勢是這樣的：當面對與我們立場相左的對手時，我們不能完全依靠我們的歷時基礎的質素來維持自己的立場。歷時質素可以有多高並不重要。對反對意見作出充分正確的回應將要求我們提出我們**共時**可用的理由。

儘管有這樣的優勢，但事實仍然是，在許多情況我們都可以根據自己的信念和對其知態地位的評估恰當地將立場相左的對手降格。這有時可以基於我們對達成判斷或相應信念時所運用的能力的詳細把握，而這種把握可以有不同程度的確定性。一旦我們能足夠地確定，我們就可以根據我們能力確定性的說法來將對手降格，而這個說法並**不**完全獨立於我們實際推理的細節。這可能是因為我們的描述達到了完全的精確性，並且在二階的層次上重演了一階推理的所有細節。

此外，即使我們沒有達到完全的特異性，也會發生類似的事情。我們仍然可以根據類似確定的二階視角正確地緊盯住一個與我們有分歧的假想對手。當我們在爭議問題上享有有充分成立的知態自信時，亦會發生這種情況。

五、自我與現在：主觀主義的重要性

　　我們已經明白到一個信念如何通過感知和記憶的綜合能力，歷時地獲得知態地位，即使主體早已忘記這個信念最初是如何通過優秀的感知能力而獲得的。這個知態地位並不依賴於稍後信念已被存儲時主體能夠使用的推理。即使信念持有者早已遺忘信念的起因而不能再確認其起因為何，信念也可以從優秀感知和優秀記憶這兩項能力的結合而具有知態地位。

　　類似的觀點可令主體間的（intersubjective）、以證詞獲得的知態地位的說法得以成立。儘管信念持有者目前缺乏理性支持，但我們已經看到良好的記憶能力如何作為理由替信念產生跨時間的知態地位。類似地，儘管信念持有者缺乏主觀可用的理性支持，但良好的證言可以為信念提供跨主觀（cross-subjective）的知態地位。

　　正如我們所看到的，面對一個主體間的挑戰的時候，信念不能僅僅基於其歷時的卓越性（diachronic excellence）而理性地得到維持。這似乎有利於以調和論的角度來尊重反對意見，並作為反對維持我們從記憶獲得的信念——儘管這種反對意見。類似的推理可能使我們能夠抵制從證詞產生的信念。用某個從現在的證詞獲得的信念為例。假設一個人在暗地裡改變了主意。現在有人挑戰從證言獲得的信念，正因為它與那人對那個主題已有的信念相違背。那個從證言獲得的信念，不能僅僅因在受到挑戰時信念持有者仍然偏好它而合理地繼續維持。無論信念的證言原因是多麼優秀，在面對挑戰時支持它似乎過於武斷。就正如一個理性的共時挑戰無法由卓越的歷時能力來克服，類似地，理性的共

時挑戰不能從一個對話者的證詞表現出來的優秀證言能力來克服。無論對象是歷時記憶還是主體間的證詞（intersubjective testimony），再頑固地堅持亦無法回應共時地有價值的理性挑戰。它必須以思考者意識中現有的共時理由來對抗共時挑戰。

我們早先對共時論的辯護，因此與主觀主義的辯護不謀而合，我們辯護的這個更廣泛的觀點因此是一種主觀主義的共時論（subjectivist synchronism）。起初它似乎與分歧的知識論中的調和論相吻合。但是我們現在可以看到，以理性證成為依歸的知識論中，主觀主義的共時論為何無法為調和論和堅定性（steadfastness）增加任何真正的優勢。從主觀主義共時論的角度看，我們的反省式知識（reflective knowledge）是更重要的。受到挑戰時，我們的信念必須主要建基於我們自己相關能力的二階知態視角來辯護，而這些能力似乎體現在受挑戰的信念上。相關的一階能力可能是在記憶上歷時的（mnemonically diachronic），或者可能是證言上跨主體的（testimonially cross-subjective）。在任何一種情況，我們都要基於我們對該信念的起因的二階評價，去捍衛自己的信念，不論這是否涉及到自己的記憶還者是某個對話者的證詞。

六、一個惡性的後退？

難道我們不是又陷入了某種跟我們最近面臨的十分相似的、似曾相識的困境嗎？畢竟，對於一個人的信念的懷疑，似乎可以在二階層次上複製。懷疑論者（自己或與我們意見相左的對手）可能會質疑我們對自

己的二階能力的信任而同時抬高他相應自信的質素。如果沒有更多支持的理由，現在仍然堅持我方的立場似乎亦是頑固得不合理。如果我們要恰當地維持我們對二階能力的自信以抵抗對手的懷疑，那麼理性似乎還是需要理由，而這些理由必須是可以共時地獲得的。

然而，無視這樣的對手是否**非理性**似乎也要視乎背景脈絡。還有什麼需要我們當時的注意？假設我們拋問實際的考慮，即使如此，當時我們還需要關注什麼其他的智性或者知態的考慮呢？也許肯定會有某個時間，在某個問題、在某個特定的脈絡下，我們最好還是僅僅基於自信而智性地堅持我們在某個爭議上的立場，而我們也可以在知態上做得夠好，這樣我們對一階的判斷在知態上就足以成立了，我們從而可以得到知識，亦意味著它在知態上沒有缺陷，即使我們可以通過進一步的檢查和推理，將它提升至高於現時的地位。

假設有兩個反對者，他們各自擁有同樣合理的證成。那即是說，假設他們同樣地能夠關注到任何他們能夠輕易地在那個時刻進行的有意識推理。二人都認為，在出現分歧的問題的主題上，自己是可靠的。他們都能利用時間做更好的事情，即使只是考慮到純粹智性的或者知態的考量。在這個程度，相應地說他們是同等理性地**同意這個分歧**（agreeing to disagree），並且繼續他們的理性生活。然而，這並不意味著他們這樣做在知態上同等地合理，亦不代表他們的信念以他們相應的一階判斷同等地得到證成，假若我們所說的這種「證成」是信念本身除了真實之外要構成知識所需要的規範狀態[10]（normative status）。其中一

---

[10] 這就是「知態證成」所「選定」的狀態，這不代表這個表達在概念上就要被定義為「命題知識所需要的狀態」。

個人跟據他所相信及判斷的，能夠在更高的二階以及在第一階，都比他的對手享有更高的知態地位。

儘管二人在細節上十分相似，但為何仍然有這樣的分別？原因也許是當中一人的自信比另外一人具有更高的歷時質素。我們不能無限提升共時認可 (synchronic endorsement) 的階梯。**在某個時候我們必須停止辯護**，那時我們的相關傾向是否充分可靠就會對我們表現的質素十分重要。在某個時候，我們就會到達共時線段的末端。如果是這樣的話，那麼只有歷時因素可能對我們在該水平上的自信在知態上的規範狀態產生影響，而這些歷時因素的影響是恰當的，必須給予其適當的地位。

假設兩個反對者現在於某個反思的程度上，推理得同等地好，但在該推理的態度的知態地位，以及在那些態度當中表現出的歷時知態傾向的質素方面，仍然存在不同的知態差異，我們必須讓這種差異在評估其相關判斷和信念時發揮適當的影響。在這一點上，受試者必須堅定地表現出他的知態特質，挺直脊梁。

正如我們看到的，當我們理性地衡量哪些信念能夠從目前意識範圍內的理由得到反思式的理性認可，我們就已超越了動物的水平。不過這並**不**意味著，如果我們的心智無法做到無限全知者能夠做到的無窮反思，我們就無法 (以任何差劣的方式) 作為有反思能力的人類。首先，「**應該**」蘊涵「**能夠**」這條原則不單止在道德主體性的範疇，在知態範疇也同樣適用。此外，假設我們在某個程度的分歧的推動下**能夠**提升到更高的 (反思) 水平，而即使成功地這樣做會令我們相關的信念在知態上更上一層樓，即便如此，更好的並不必然是有義務的。我們的信念，或許能透過這種提升**在知態上得到改進**，即使我們拒絕——甚至

稱不上考慮到──作出這種提升，這信念也**不致受損**。比起試圖在更
高層次上捍衛我們的信念，我們也許在知態上有更值得的事情可做。[11]

（歐陽迪生　譯）

參考書目

Christensen, D. 2011. "Disagreement, Question-Begging and Epistemic Self-Criticism." *Philosophers' Imprint* 11.6.

Christensen, D. 2009. "Disagreement as Evidence: The Epistemology of Controversy." *Philosophy Compass* 4.5: 756–767.

Christensen, D. 2007. "Epistemology of Disagreement: The Good News." *Philosophical Review* 116.2: 187–217.

Elga, A. 2010. "How to Disagree about How to Disagree." In Feldman and Warfield 2010: 175–186.

Elga, A. 2007. "Reflection and Disagreement." *Noûs* 41.3: 478–502.

Feldman, R. 2006. "Epistemological Puzzles about Disagreement." In S. Hetherington, ed., *Epistemology Futures* (New York: Oxford University Press), pp. 216–236.

Feldman, R., and T. Warfield, eds. 2010. *Disagreement*. Oxford: Oxford University Press.

Frances, B. 2010. "The Reflective Epistemic Renegade." *Philosophy and Phenomenological Research* 81.2: 419–463.

Harman, G. 1973. *Thought*. Princeton: Princeton University Press.

---

[11]　若要使這個總結的立場變得可信，我們需要區分開「（一）主動的擱置信念」
以及「（二）即使問題擺在眼前也毫不考慮」這兩件事。後者指拒絕進一步
思考對這條問題採取的態度，即便是擱置的態度也好。

Kornblith, H. 2010. "Belief in the Face of Controversy." In Feldman and Warfield 2010: 29–52.

Kripke, S. 2011. *Philosophical Troubles: Collected Papers, Volume I.* New York: Oxford University Press.

Nozick, R. 1983. *Philosophical Explanations.* Cambridge, MA: Harvard University Press.

五

一手知識與理解

以下將討論「一手知識」(firsthand knowledge) 和「理解」(understanding) 兩個概念，以加深我們了解它們的內容、兩者之間的關係，以及它們對豐盛人生的重要性。

在一些對人生十分重要的問題上，一手知識和一手理解非常重要，而且緊密關連。這些重要的問題大多在人文領域裡遇到。人文領域，範圍甚廣，除了藝術欣賞，還有體育、飲食、關係、大自然等等的欣賞。這眾多問題都會在哲學裡找到。所有這些在人文範圍裡出現的問題，答案都不能只用資料就回答得了，這跟我們一般遇到的實際問題有著分別。實際問題的答案就是只用資料就能回答得了。

以下將解釋這些想法，並且為這些想法提出辯護。

1.　亞里士多德說：

憑藉運氣或跟從別人的建議而做出合乎文法的事，這是可能的。但一個人要成為一個文法學者，他做的事就不能僅僅只合乎文法，而且要

做得合乎文法。這代表他是依照自己的文法知識去做事。(《尼各馬科
倫理學》II 4, 1105a22–26)

一句說話，說出來只要沒違反文法，它就是依從文法。如果說這句話
的人，為的是說得依從文法，他是成功的。可是，要是他說這句話不
是**依從**他自己的文法能力說出來，那麼他的成功也就僅僅是「幸運」而
已。如果想說話是依從自己的文法能力說出，說話就必需既依從文
法，**亦**必需由自說話者的文法能力指引他說出來。這麼做，他的成功
就不只是「運氣」。

在鍵盤前面的猴子，或許能打出一連串符合文法的句子，可是，以
這句子是否**依從**猴子自己（沒有）的文法能力的角度去看，猴子不
可說是成功的。即使是個有文法能力的人，他成功，可能不是由於自
己的文法能力，而是這符合文法的字串在他耳邊流轉而令他說出來，
這樣，他的成功雖不至於**全是**「運氣」，但亦不是由他的文法知識所
成就。

在亞里士多德的倫理學裡，「適切性」的重要之處可在以下這段引
文看出來：

……人類的好就是心靈跟從德性行事。如果德性眾多，那心靈就跟從
最好和最完滿的德性行事。(《尼各馬科倫理學》I 7, 1098a16–17)

一句說話的文法品質可依照行動者相關的文法知識和文法能力而定；同
理，一個行動的好品質可依照行動者相關的德性而定。在說話和行動
這兩種情況裡，若果好的品質只是跟運氣有關，而跟行動者的能力無
關，那無論是說話還是行動，都算不上是最好的。

為方便起見，我們把亞里士多德式的「以能力而非運氣取得的成功」叫「**適切**的成功」。

2. 現在將論證，德性知識論是亞里士多德式的德性倫理學的一個特別例子，「能力」是兩者的共同媒介。它們的分別，只在於德性知識論關注知識方面的表現而非文法或倫理方面的表現。

先想想「**肯定**」。「肯定」可以是面向大眾，大聲疾呼，又可以是自己獨自跟自己的心靈對答。「肯定」可以有多個目的，更可以是同一時間裡擁有幾個目的，例如是混淆視聽、炫耀自己、支持他人，或者是當自己參與運動比拼時用來激勵自己，加強信心。

「**真理式**肯定」（alethic affirmation）在結構上就是以得到真相和做得妥當為目的，因此，做出真理式肯定這個舉動就是試圖 —— **力圖** —— 藉著真相**正確地**肯定某個東西，方法是有意地肯定這個東西。

人類想說出真相時，會做公眾肯定。「公眾肯定」這種行動，對於有語言能力的物種而言，至為重要，因為它在社會生活中是不可或缺的：我們利用它做公眾決策和調配、分享資訊。我們需要大家都願意公開地作出肯定，而且是（總的來說）**真誠地**肯定，即是：公開肯定的，跟私人判斷的，並無二致。

3. 我們的德性理論架構由真理式肯定、判斷以及判斷性信念（判斷的意向）構成。由於真理式肯定結構上就是為了真相而出現，這就引伸出知識上的規範：當真理式肯定能得到真相，它就是「精確」（Accurate）；當真理式肯定能以相關的能力和技能展示出來，它就是「熟練」（Adroit）；

當真理式肯定能得到真相，又能以相關的能力和技能展示出來，它就是「適切」（Apt）。這是**目的**的「3A規範」（triple-A normativity）—— 一旦作出肯定就要有這些規範，而真理式肯定（試圖肯定它是正確）是其中一個特別例子。

相比起單純的真理式肯定，「**判斷**」這種行動的內容更為豐富，只因（定義上）「判斷」這種肯定並不僅僅以「做得妥當」為目標，而更加要求藉著展示知識能力，適切地做得妥當。

在知識問題上，真理式肯定有機會只是猜測，但判斷就遠遠更為嚴格。判斷不只追求真相，也追求適切。之前，我們把**真理式地肯定**（alethically affirming）定義為**試圖正確地**肯定，現在我們把**判斷**定義為**試圖適切地**肯定。

4. 上文簡述了德性知識論的架構。接下來，我們可再細分**不同種類的適切性**，使這個架構的內容更為豐富。專家的適切性勝於一般人的適切性。專業的領域裡，例如醫學和法律，以專家的專業判斷來達到適切性，相比僅僅用常識判斷來達到適切性，要求是要來得更嚴格的。這些更嚴格的要求，至少一部分會寫於那個行業的守則裡，例如是法律—法庭的程序、可援用的證據等等。

5. 因此，**專家之言**就是其中**一種**能力。由於我們在這裡著眼於知識哲學裡的一個進一步分類——什麼是第一手知道某事，什麼是只靠著全然信任的人、接受他的證言而知道某事，請暫時接受「專家之言」就是其中一種能力。

區分了何謂「達到一手精確、一手熟練、一手適切」以及「達到二手

精確、二手熟練、二手適切」，我們就可進而區分一手知識和二手知識。知識論的歷史裡，二手知識一般被視為次等，甚或沒有價值，予以蔑視。笛卡兒和洛克只是當中兩個著名的例子。[1] 德性知識論當可解釋為何有這種對二手知識的看法。上面亞里士多德的引文已可見端倪。

疑問：「當我在電視看到一些東西而得到**這種**感官知識，這種知識是二手的嗎？」什麼令證言知識（testimonial knowledge）成為二手知識，實在不甚了了。

回答：這個例子很有趣！電視究竟擔當什麼知識上的角色？電視擔當的角色像望遠鏡，甚或眼鏡（對一個幾近失明的人而言），多於測量儀器嗎？你可以把兩類輔助儀器都看成觀察的助手，但它們還是很不一樣的。測量儀器會給予我們「命題式意見」（propositional deliverances），拿著這些「命題式意見」，我們可做推論，最終得出反映真實的結論。望遠鏡、眼鏡則不能會給予我們「命題式意見」。

把電視放映、電影、照片撥歸望遠鏡、眼鏡那一類，似是有理的。

---

[1]　洛克因此說：「當其他人的意見浮現在我們腦海之中，即使它們碰巧是真的，也不會使我們有一丁點知識。在這些人身上，這些意見是科學，然而在我們身上卻只是普遍的意見。他們運用理性去理解那些真理，獲得名譽，我們卻放棄運用理性，純因這些人的名聲去聽從他們。亞里士多德當然是個知識豐富的人，但要是他只是盲從他人的意見，只懂複述他人所說，恐怕沒有人再認為他是知識豐富的人了。如果亞里士多德不對其他人的原則細加思考就接納了，他就成不了哲學家。我也假定沒有人可以。在科學裡，其他人知道的和理解的不會多於亞里士多德，但他相信的，或是基於信任而相信的，不過碎片而已。這些碎片無論本身有多完整，也不會對他的知識蘊藏增加分毫。這些借來的金帛，就像幻想的金錢，接到它時在手上是金，真的用起來時卻化作灰塵，飄飄而逝。」（洛克：《人類理解論》[*An Essay Concerning Human Understanding*], Book I.III.XXIV)

電視放映、電影、照片三者，我們雖是從它們（畫面或照片）看到一些真實以外的東西（假設電視節目是新聞廣播、電影是記錄片），我們仍是看到真實（在電影和照片看到的真實，出現會有所延誤，但就算我們晚上看星，真實的出現同樣是有所延誤）。我們可視這一點為它們的共同之處。即使從電視放映到電影再到照片，對於是否同樣看到真實，理據可能慢慢減弱，這亦無礙於我們能透過它們看到真實。

　　相比之下，使用測量儀器，我們並不會看到與測量儀器相應的真實。在這一點上，證言的報告更類近於測量儀器的讀數，卻跟畫面和照片不太相似。如果有一幀可靠的照片或一部可靠的電影，你看那幀可靠的照片，就像看一幅油畫，你能得到那幅油畫相關的藝術品質的一手知識；你看那部可靠的電影，就像看關於第一部電影的後設電影，你能得到這部後設電影的相關藝術品質的一手知識。兩種情況得到的一手知識都是一樣的好。透過這些媒介來知道相關的美學真相，即使是多麼間接，與從其他人口中知道同樣的真相相比，分別仍是很大的。

　　無論如何，即使傳聞和一手證據的定義並不是最清晰，於這篇文章要討論的問題而言，當前的劃分已夠清晰。

　　6.　近年，在美學、道德和哲學等講求價值判斷的範圍裡，以證言作支持的二手判斷，其價值遭到質疑。

　　比較一下，當我們要在歷史或地理、在交通方向，或在隨意舉出的個別問題上面（如「馬可孛羅何時去到中國？」）依靠證言，依靠的情況跟美學、道德和哲學有什麼不同。在各式各樣的題材裡，即使是得不到其他特定憑據予以支持的原始證言，我們也都樂於接受這些證言。

於是，提供資訊給我們的人，我們都毫不猶豫相信他們，一如我們相信為我們指出方向的陌生人、百科全書的條目、報紙上的報導等等。相信他們，我們根本不會再向其他地方求證。

在道德學和美學的問題裡，分別可就大了。在這兩個領域裡，即使我們假設有所謂的客觀真相，要我們放棄思考而全然信賴他人的證言的話，我們也會合理地**猶豫**。

在學術判斷上，情況也一樣，我們追求的成功是要一手的，不會貿然信賴他人。

7.　民主制度裡，協調必以平等和投票為原則。當問題是要決定「汽車該靠右側行駛」還是「汽車該靠左側行駛」時，「以平等和投票的原則來協調」這個原則是清晰的。這裡，民主要求各個主體以自己的喜好作出集體抉擇，或至少要求他們決定應該怎樣達到共識，再把餘下細節交由技術人員處理。「汽車該靠右行駛」還是「汽車該靠左行駛」這個問題，縱然達到決定後對所有人一定是最好，但達到決定前，沒有所謂客觀真相指引我們。達到決定前，大家只知道以下兩個情況**是**最好：「全部汽車靠右行駛」或者「全部汽車靠左行駛」。

民主要求的，就是得到充分資訊的人願意做反省判斷，這些判斷可以是為著大家要有什麼協定做出來，亦可以是在一個已有的規範事實底下，為著大家要怎樣去實行而做出來。

8.　在協定的問題上，或者在已有的規範事實的問題上，我們都可聽從他人。協定的問題無關乎已有的價值事實。然而，並非所有的道

德或藝術問題都可由大家協定、從無到有建構一個規範真實，就能處理妥當。這裡，讓我們專注於有客觀答案的問題。這些答案是符合事實的（即使是形上學事實）。即使這些答案有這個特點，我們也不太想僅僅聽別人意見。就算這些有關的評價領域裡真有專家，我們都不會**不假思索**就聽從專家意見。

特別在一般的道德問題，例如墮胎、同性戀、動物權利，我們**不會**想不經自己思考就接受證言，因為這意味我們放棄了自己的理性自主。放棄自己的理性自主是大部分人都討厭的。

9.　美學判斷亦是如此。報紙上寫的電影資料：何地上映、何時上映、劇情如何、演出者如何等等，我們都相信，而做決定時，這些事實是我們考慮的東西。一位值得信賴的影評者如果認為這部電影是出色的，而我們相信他的意見，我們或會想，看這部電影是會很愉快的。可是，一旦我們自己看過這部電影，我們再也不容許自己的美學判斷全繫於專家的講法。我們堅持要「由自己作判斷」。

每當我們去戲院或博物館，真正的藝術鑑別一定要是一手的，理由不僅僅是我們要第一手接觸那件藝術品，而是具批判的評價不可只相信專家，無論那個專家有多著名。

這**並非**說相信他人一定不能得到知識。相信他人，我們當然可得到適切判斷。二手知識仍是知識。即使在評價範圍裡，我們也不用不讓它出現。重點不在否定二手知識，而是看重一手知識，是希望追求更多，令相關的**人文**領域，跟一般的天氣報告、地址、電話號碼以及大量有用的日常知識，分別開來。後者是因全然相信他人的證言而得到的。

10. 道德、藝術和哲學這些領域裡，二手知識似是有的。在這些領域裡**如果有客觀真相**——是我們都可接觸得到的客觀真相——有什麼會不讓證言把這些客觀真相「分享」給我們？如果一個富深刻洞察力的判斷者能適切解答一條「是或非」的問題，為何不容許我們從他那裡得到的二手知識。

在道德緊急關頭，即使其他人大力反對我用一手印象來行事，我可能毫不在意。我們或可能做出我們**知道**是對的相反行動。這些對的意見，不是**由我們自己的一手判斷**獲得，而是相信他人的證言而獲得。

這些領域的特別之處，**不在於沒有**二手知識，而是在於這些領域裡**有**另一些更進一步的和**特別值得追求**的東西。我們假定了客觀真相真的存在，在這些領域裡，那些更進一步的和特別值得追求的不只是一般知識，而是一手知識。這裡重申，追求一手知識是種適切判斷，思考者不僅是為了真理的適切（alethic aptness）而這樣做，而是為了真理的**一手**適切（alethic *firsthand* aptness）而這樣做。

11. 想想道德或藝術這些領域裡要我們用批判態度來處理的獨有問題。這些要我們用批判態度來處理的獨有問題，跟這些領域的**哲學**問題，是有很多重疊的。哲學就似乎更不喜歡單單聽從他人的證言。這一點顯示出哲學跟自然科學和社會科學之不同，即使這種不同是程度上的不同而非性質上的不同。因此，我們常看到哲學對種種哲學宣稱用「好吧，但論證在哪？」這種回應。所以，讓我們最後轉到哲學自身去。[2]

---

[2]　更嚴格的說，這超過了跟科學、歷史或一般學術重疊的地方，關乎哲學裡最哲學的一面。

　　那些打算在科學或其他領域發展**原創**理論的人，他們一定要把相信他人的程度加以限制。如果你在研究的範圍裡尋求新的、從未被其他人重視的事實，你一定不要讓自己的相關信念全然**直接**取決於人。資料搜集和尋找有用論證方面，你大可依靠他人，但至於對你最為重要的問題，你必須用一手方法獲得。在分析哲學裡，大家都習慣較少使用實驗數據而較多是自己思考。相比科學，哲學更是不多使用同儕的成果，而更多使用自己的邏輯思考。更重要的，是即使我們不是追求原創，雖可在未運用自己的邏輯思考之前先願意接受他人的**指導**，但亦可同時合適地避免接受**單純**的他人意見。

　　12.　**反對**：「『身處於思考者裡面的能力，為什麼不可以是種很罕有、用來鑑別專家證言的能力？我知道某間餐館很好，可以是一手知識——這知識是我用自己能力看評論和分折評論得出來的。」

　　回答：當然可以，正確的觀點必需要能解釋這種罕有的好能力。本質上是二手的信念或是二手的知識，都或多或少可以顯示這種身處於思考者內裡的能力。但使得這些信念和知識**本質上**仍是二手的原因，是這些信念和知識成立的理路仍是本質地依靠著另一位證明者這樣說或那樣說。因此，偉大的評論家大聲說出有人很大聲說話，跟他說某部電影很好，兩者是有分別的，前者可以告訴你有人很大聲說話這件一手知識，至於後者，若果你知道某部電影是好的知識是來自這位評論家，這知識仍是二手知識，即使這知識的得來是基於你能找出好的評論者的上佳辨別能力。在第一個情況，說話內容的證成只是碰巧二手，但在第二個情況，卻是本質地二手。

反駁：好的，但有個更微妙的問題要處理：「當我想一手知道主體S怎樣回答某個問題，我問他們，他們回答：『我這樣答：「雪是白色！」』，那我怎知道他們這樣回答的知識是一手還是二手？」

進一步回應：複雜的例子。感知上，我知道S怎樣回答，這個感知知識是一手的。可是，在這個例子裡，S的回答內容，證成似乎不是碰巧是二手，這有別於上面的例子！

進一步反駁：兩個例子當然不一樣，但兩者的內容，在相關的情況，證成都是碰巧是二手。我的證成依於S的答案的內容，而不依於S回答時有多真誠可信，不依賴於那個答案有多**可信**。即使S在說謊，或者S不知怎的有些失靈，說了「雪是黑」而不是「雪是白」，我不需理會他說話這個行動的**知識**情態，純粹透過我自己（言說）感知到他的實際答案，我還是知道他回答過問題這**事實**。

還有：當證明者說出了一個好論證，我們可能因而明白了它的道理，然後自己再做個論證出來。這情況下，我們**因果上**依賴了證言，而不是**知識上**依賴了證言。這個論證，它的對確性，甚至真確性，我們靠自己都能夠明白，而不需在知識上依賴證明者背書。這類知識即使是明明白白**因果上**依賴其他人說的話，它還完完全全是一手知識。

13.　對道德證言或美學證言抱持**悲觀主義**，有些人把它定義為，在這兩個領域裡對**信賴**判斷p抱持悲觀態度。若果判斷是**僅僅**因他人如此這般說而得來，僅僅因他肯定了p，這種判斷是「信賴」判斷。悲觀主義者警告我們，對於「信賴」判斷，我們必須留心。即使在某個領域真的有可靠的人，他對相關問題很熟悉，又願意把自己所有恰當的資訊告訴他人，某些悲觀主義者**連**這種證言**也**不接受。

然而，正正相反，在道德領域和美學領域，甚至其他領域，信賴判斷可以是適當的，它甚至可提供知識。道德**行動**基於信賴做出來亦無不妥。所以，那些我們認為有能力和有充足資料的人，我們應該聽取和信賴他們的證言，這樣能令我們做道德決定時做得更好。

然而，對信賴他人抱有較樂觀的看法，也不意味有個不錯的證明者出來作宣稱或準備出來作宣稱，我們就可安然信賴。這裡我們要分辨清楚。很多情況下，我們**可以**依靠報稅員、律師、醫生，在這些領域，即使是重要的問題，我們信賴他們也可是恰當的。

當我們轉到道德判斷、美學判斷或者政治判斷，或者更一般的人文問題，包括哲學問題，情況就不一樣了。在這些領域，自主判斷、理性能力和理解都是位置顯要、不可或缺的東西，而這些東西在法律、醫學和金融意見裡是闕如的。這至少涉及到程度上的明顯分別。人文領域要求人行使自己的反思能力，一旦你捨這種能力不用，你就說不上是好好的在運作，你的想法也不再是一手鑑別和一手理解。在金融、醫學和法律裡，若你只是要為自己和家人想想相關的實用問題，就不需用到思考人文問題時那些嚴格的判斷要求。

對於一些**本身**能令你生活更豐盛的東西就不是這樣了。一個有正常生活的人，他會有一系列的價值和與這些價值密不可分的世界觀。這些價值**有關於幸福的**、政治的、道德的、美學的，都由人文裡的相關世界觀支撐。一個人若對這些價值和世界觀都漠不關心，並放棄自己核心的人文價值，毫不反省，僅以本能或部落習俗過活，那麼他就是無視自己本質就是理性。

在這些領域裡，把一手知識放到重要的位置，對理性動物來說，生活才能豐盛。

14. 我們由此來到「理解之重要性」這個問題。這裡，我們關注的是理解的一種例子 —— **理解為何** —— 並會以以下的幾點來論證它的重要性。

a. （徹底）理解為什麼是 p，就是去理解 p 為何有理據。（試比較［徹底］證成相信 p 就是去證成 p **很有理據**相信。）

b. 理解 p 為何有理據就是知道 p 為何有理據。

c. 在很多對生活重要的問題上，即使關於它們的知識，因為是基於值得信任的合適建議者而成為全然的信賴知識和二手知識，我們仍是知道 p 有理據，也知道 p 為何有理據。金融、道德和法律建議近乎是純粹的資料。我們一般都只需要相關的資料就足夠，不需理解這些資料為何是真。

d. 與之相比，在很多美學、倫理、政治、人文問題上，我們這些理性的存在，包括那些參與民主的人，不甘於只接受純粹的資料，是很正確的。我們追求更深入的理解。而且，在很多這類問題上，如果我們僅僅止於信賴他人這麼說便了事，我們的理解是不會去到恰當的深度的。在生命塑造和社群塑造這些重要的問題上，我們一定要致力越過信賴他人而達到一手理解。

e. 這道理同樣適用於藝術作品的鑑別上。藝術品是我們滿足了基本需要後用來豐富我們人生的東西。同樣道理，如果我們要生活得切實符合我們的理性特質，我們一定要超過僅僅信賴他人。沒有足夠的一手鑑別和一手理解這些理性存在獨有的東西，我們的生活算不上是恰當實現。

15. 現在我們轉去思考理解跟「**説不清楚**」（inarticulacy）怎樣跟豐盛人生連在一起。

    a. 在先進的工業社會裡，我們大量知道的東西，就好像一條在記憶的河床上流動的河。一旦過了童年，甚至一旦過了嬰兒期，在任何時間上，一個人説得出來的知識，它的知識基礎是要在上游找到的，而當中又分成眾多支流——包括證言、感官或推論，既可單獨成流，匯流亦可。

    b. 我們有個想法，以為任何時候，你的有效知識基礎可以用你那時所擁有的資訊表達出來。這個想法是神話。在大量可説出來的常識中，舉幾個生活遇到的例子：「水往山下流」、「日夜恆常更替」、「人一般有一雙手」。很多情況下，這些信念大家都知道得很清楚，可是，就算知道，我們也難以提供足夠、並且**在知道那刻出現**的理性基礎。要找到這理性基礎，便要在小孩成長的漫長經驗長河中去找。經驗流動的長河裡，沒有一刻你可為自己相信的普遍信念提供最完整的基礎，這些知識基礎是長時間面對否定與修正之中獲得。在經驗長河不斷面對否定與修正的歷程，過程夠長夠豐富夠正面，我們才會有恰當的知識基礎。

        比較一下兩種知識：一是上一段提及的信念的知識，一是把上一段提及所有的信念加起來、再把「整個世界都是」加到前面而得到的知識。要得到後一種知識，需要在我們已有的人生智慧加上複雜的科學資料。但小孩實質怎樣怎知道這種複雜的知識？他可以從幾種特別的渠道知道，由全然的證言到深深明

白天文學複雜的知識。即使他漸漸記不起相關證言的內容，即使他忘記了科學推論的重要細節，即使他被逼修正一些基本信念，如日夜的更替（南北極不是這樣的更替），這些也無損他記憶中是有這個知識──知道有「地球」這回事，知道我們腳底下的這個地球是圓的，諸如此類。

　　思考一下這些信念的知識地位，包括那些達到複雜天文學的基礎信念的知識地位。無論那一刻，一位正常青年人心裡的這些信念，它的知識地位並不僅僅得之於這位年青人在哪一刻能舉出的理性基礎，還得之於這些資料怎樣進入經驗與信念的流動裡。流動的品質──感知的、證言的、推論的──對之後出現的信念的知識地位有很重要的影響，正如記憶的河床的品質對信念的知識地位有很重要的影響。要恰當保留已有的信念，那人現在不需意識到往昔的品質。這個信念也不會純因他現在用不到顯明的理性基礎來舉例而受到質難。舉例說，某人現在記憶中的似是、對某人來說似是 p 這事實、他似是記得 p，這三者對信念有什麼影響。這三者對於那個人的信念的知識地位，跟經驗與信念流動的品質合起來對那個人的信念的知識地位，相比之下，影響力只是很小。

c. 再者，道理上，人一出生，腦部便已存有不少知識。這些知識隨時等待經驗誘發出來。因此，它的知識基礎不僅來自個人的有眾多支流的經驗之河、或某種文化適應，還有是來自腦部演化。

d.　最後想想我們的**習俗**(mores) 知識 (跟**道德** [moral] 知識相反的知識)。得到習俗知識需要長時間艱辛學習，學習過程裡有獎賞和懲罰、肯定和否定。開始時，順從的小孩經歷了某個情況而面對新的情況，他考慮在新情況該怎麼做時，會信賴他人的意見。然而，當他想進一步將自己的行為做到跟習俗一致，他會發現自己的知識遠遠不夠，做出來的達不到習俗的標準。只有當他學習得夠長時間，他才能把那習俗純熟掌握。在這個地方，對我們最重要的啟示，是這種學習的內容是不需要說清楚的。這種掌握，通常是**超過語言陳述**，它的深度是以制度化的行為顯示出來的。

e.　為什麼這樣？這是否道出了語言陳構的限制？一個有權威的提議，指出問題應是跟「充分」、「充足」、「足夠」和「充分的否定」、「充足的否定」、「足夠的否定」這些字眼有關。我們的行動和行動的後果會置於不同的面向，我們的操守就必需關注這些不同的面向，由它們指引我們去行動。這些不同的代價與利益一定要衡量清楚，面對以下這種形式的問題，一定要在代價與利益之間達到平衡：「由 B1, …, Bm 加起上來的利益是否**充足**得能**充分**的凌駕 C1, …, Cn 加起來的代價？」

f.　我們可以思考一些特別例子，這些例子裡的行動和相關後果**不涉眾多縱橫交錯**的原因──只有 B1 要考慮，沒有代價值得考慮。即使在這種簡單情況，我們也需要衡量是否有**充足**的 B1 令那個行為**一定要做出來**(這裡同樣是說根據群體的習俗，群體的習慣做法)，或者令那個行為是**可以做但不一定要做**。一開始，小孩

一定要群體就著每個情況教他怎樣做，全然的信賴是需要的，而他也應該依從建議去做。幸好，這種信賴他人的知識，總有一天會演變成更普遍和更深入內心的知識。除非說「當有**充足**的B1，你**一定**要這樣做」的時候，意思僅是字面那最淺白的意思，否則想以這句句子所顯示的想法來令知識演變成更普遍和更深入內心，是難以成功的。**就算是一無所知的人**也會很同意這點。

能把習俗熟練掌握的內行人，有什麼特點呢？不是他們能說出「當有**充足**的B1，（根據習俗）你**一定**要這樣做」，甚至不是他們認真相信「當有**充足**的B1，（根據習俗）你**一定**要這樣做」。不是這樣的。內行人的特點，在於他們**體現**了相關能力，一種能夠有系統地**告訴他人**的能力，這種能力能說出實況真是有**充足**的B1的話，根據習俗他們就**一定**要做出要做的行動。他們當然可以展現對習俗的熟練掌握到這個程度，而他們自己又不用有系統地跟從習俗。他們可以保有顛覆習俗的特質，思考清楚後不服從習俗。叫得上熟練掌握，需要的只是有能力說清楚習俗要求什麼。

16.　人文領域裡，有些問題要特別多的、特別明顯的直接理性鑑別。如果是這樣，為什麼？

為何某個問題要求你不僅僅信賴他人？因為它要求某種的**理性理解**。

想想一件藝術品的美學鑑別。如果這是件成功的藝術品，它背後一定有其賴以成功的**理由**。

如果是這樣，以下兩個情況有重要之別：

第一種情況，一個人全然信賴他人而知道某藝術作品成功。

第二種情況，一個人至少自己理解到這件藝術品成功的理由，這些理由是他知道這件藝術品成功的基礎。

在第二種情況，那人透過洞察那件藝術品得以成功的理據，獲得它得以成功的一手知識，同時**知道**它**為何**成功而**理解**到它是成功。這裡，透過有洞見的理性解釋，一手人文知識跟理解一起出現。只要他用相關的方法去一手體驗那作品 —— 無論那作品是音樂、繪畫還是小說 —— 他就能理解作品賴以成功的理由。

只有如此，才可恰當地鑑別出藝術品成功的因素；否則，鑑別只是泛泛之談，當中沒有真正的理解，這種鑑別只是個代用品。

（陸正傑　譯）

索薩教授著作選錄

1970 "Propositional Attitudes de Dicto and de Re." *The Journal of Philosophy* 67/21: 883–896. (參考：Jaakko Hintikka, "Sosa on Propositional Attitudes de Dicto and de Re." *The Journal of Philosophy* 68/16 [1971]: 489–497; "Rejoinder to Hintikka," *The Journal of Philosophy* 68/16 [1971]: 498–501.)

1980 "The Raft and the Pyramid: Coherence versus Foundations in the Theory of Knowledge." *Midwest Studies in Philosophy* 5/1: 3–25.

1984 "Mind-Body Interaction and Supervenient Causation." *Midwest Studies in Philosophy* 9: 271–281.

1987 "Subjects Among Other Things." *Philosophical Perspectives* 1: 155–187.

"Serious Philosophy and Freedom of Spirit." *The Journal of Philosophy* 84/12: 707–726. (獲 The Philosopher's Annual 評選為「1987 年度十篇最佳發表論文」，翌年結集出版。)

1990 "Surviving Matters." *Nous* 24: 305–330. (西班牙文版同年發表於 *Crítica* 學刊。) (獲 The Philosopher's Annual 評選為「1990 年度十篇最佳發表論文」，翌年結集出版。)

1991 *Knowledge in Perspective: Selected Essays in Epistemology.* Cambridge: Cambridge University Press.

1993 "Putnam's Pragmatic Realism." *The Journal of Philosophy* 90/12: 605–626. (西班牙文版 1992 年發表於 *Dianoia* 學刊。)

"Davidson's Thinking Causes." 收錄於：*Mental Causation*, edited by John Heil and Alfred Mele, pp. 41–53. Oxford: Oxford University Press.

1994 "Philosophical Scepticism and Epistemic Circularity." *Proceedings of the Aristotelian Society, Supplementary Volumes* 68: 263–290.

1997 "Reflective Knowledge in the Best Circles." *The Journal of Philosophy* 94/8: 410–430.

"How to Resolve the Pyrrhonian Problematic: A Lesson from Descartes." *Philosophical Studies* 85/2–3: 229–249.

1998 "Minimal Intuition." 收錄於：*Rethinking Intuition: The Psychology of Intuition and Its Role in Philosophical Inquiry* (proceedings of the Notre Dame conference on intuition), edited by Michael R. DePaul and William Ramsey, pp. 257–270. Lanham: Rowman & Littlefield.

1999 "Existential Relativity." *Midwest Studies in Philosophy* 23: 132–143.

"How to Defeat Opposition to Moore." *Philosophical Perspectives* 13: 141–153.

"Skepticism and Contextualism" and "Replies." *Philosophical Issues* 10: 1–18, 38–42.

2001 "For the Love of Truth?" 收錄於：*Virtue Epistemology: Essays on Epistemic Virtue and Responsibility*, edited by Abrol Fairweather and Linda Zagzebski, pp. 49–62. New York: Oxford University Press.

2002 "Reliability and the A Priori." 收錄於：*Conceivability and Possibility*, edited by Tamar Szabó Gendler and John Hawthorne, pp. 369–384. New York: Oxford University Press.

2003 *Epistemic Justification: Internalism vs. Externalism, Foundations vs. Virtues*, a debate between Laurence BonJour and Ernest Sosa. The "Great Debates in Philosophy" series. Malden: Blackwell Publishers.

"The Place of Truth in Epistemology." 收錄於：*Intellectual Virtue: Perspectives from Ethics and Epistemology*, edited by Michael DePaul and Linda Zagzebski, pp. 155–179. New York: Oxford University Press.

2004 *Ernest Sosa and His Critics*. Edited by John Greco. The "Philosophers and Their Critics" series. Malden: Blackwell Publishers.

2005 "Dreams and Philosophy." *Proceedings and Addresses of the American Philosophical Association* 79/2: 7–18.

2007 *A Virtue Epistemology: Apt Belief and Reflective Knowledge*, vol. 1. New York: Oxford University Press.

2009 *Reflective Knowledge: Apt Belief and Reflective Knowledge*, vol. 2. New York: Oxford University Press.

2010 "Value Matters in Epistemology." *The Journal of Philosophy* 107/4: 167–190.

2011 *Knowing Full Well*. Princeton: Princeton University Press.

2013 "Epistemic Agency." *The Journal of Philosophy* 110/11: 585–605.

2015 *Judgment and Agency*. New York: Oxford University Press.

2017 *Epistemology*. Princeton: Princeton University Press.

2021 *Epistemic Explanations*. New York: Oxford University Press.

索薩教授簡介

　　歐內斯特・索薩教授，1998 年加入美國羅格斯大學，初為兼任傑出教授，及後轉為專任傑出教授，2008 年起同時肩負校董會教授一職。1998 年以前，任美國布朗大學羅米歐・艾頓教授。

　　索薩教授專研知識論，專著計有：*Knowledge in Perspective*（劍橋大學出版社，1991）、*A Virtue Epistemology*（牛津大學出版社，2007）、*Reflective Knowledge*（牛津大學出版社，2009）、*Knowing Full Well*（普林斯頓大學出版社，2011）、*Judgment and Agency*（牛津大學出版社，2015）、*Epistemology*（普林斯頓大學出版社，2017）。他對知識論的研究，已成為許多會議及文集的研討對象。

　　索薩教授始創德性知識論。這個理論全面處理知識論中的獨特議題，包括：關於自然的柏拉圖式問題以及知識的價值；懷疑論的各種形式；脈絡主義與相對主義；內在論／外在論與基礎論／融貫論之間的論爭。德性知識論亦讓論者得以對皮浪懷疑論以及笛卡兒知識論作出更具原創性的詮釋。

　　索薩教授曾為許多國際講座擔任主講人，例如：墨西哥國立大學高奧斯講座(1983)；牛津大學約翰‧洛克講座(2005)；東吳大學東吳國際哲學講座(2008)；美國哲學協會保羅卡魯斯講座(2010)；德國明斯特大學明斯特講座(與工作坊)(2014)；北京大學傑出外國學人講座(2014)；香港中文大學唐君毅訪問教授講座(2017)；第24屆世界哲學大會邁蒙尼德講座(2018)。

　　2010年，索薩教授獲匹茲堡大學頒發雷沙獎，同年亦獲美國哲學協會頒發奎因獎；2016年，獲斐陶斐榮譽學會和美國哲學協會聯合頒發萊柏維茲獎。他是美國文理學院成員(2001)，2004年獲選為美國哲學協會東岸分會主席，2005–2008年則為美國哲學協會理事會主席。